# ALTA COSTURA

*colección andanzas*

# BEATRIZ ESPEJO
# ALTA COSTURA

TUSQUETS EDITORES

Primera edición: abril de 1997


© Beatriz Espejo, 1996


Esta edición contó con el apoyo del Gobierno
del Estado de San Luis Potosí, el Consejo
Nacional para la Cultura y las Artes y el
Instituto Nacional de Bellas Artes


Diseño de la colección: Guillemot-Navares
Derechos reservados
© Tusquets Editores México, S. A. de C. V.
José María Castorena No. 324-201
Cuajimalpa 05000, D. F. México
Tel. 813 70 00 Fax 813 66 99

ISBN: 968 7723 18-1

Fotocomposición: Comgraf
Av. Alvaro Obregón No. 275-6
México, D. F. 06700
Impresión: La Impresora Azteca, S. A. de C. V.
Av. Poniente 140 No. 681,
Col. Industrial Vallejo, México, D. F.

Impreso en México/*Printed in Mexico*

# Indice

# Sólo era una broma

para
Jaime Labastida

Aquel sábado hubiera sido igual a cualquier otro, si Carmen Acosta Rosas del Castillo no hubiera reparado —como una premonición— en que se levantaba de la cama con el pie izquierdo. Apoyó la planta desnuda sobre la alfombra y un escalofrío horroroso le recorrió la espalda. ¡Ojalá nada malo me suceda!, rogó a sus santos protectores. Pero no se detuvo más a pensar las consecuencias funestas que podría traerle su mal paso, porque una lista de pendientes se proyectó en su imaginación como película de dieciséis milímetros al ritmo apresurado de una carrera de obstáculos. La invadieron sin motivo las mismas náuseas que la doblaban sobre su estómago todas las mañanas antes de ir a la escuela. Se sobrepuso, así lo había hecho siempre, y se autordenó pasar al despacho para asegurarse de que el mensajero hubiera puesto en el correo la carta urgente que el señor Malvido dictó a última hora la tarde anterior. Luego, Carmen continuaría su camino rumbo a Liverpool. Detestaba los grandes almacenes que apenas franqueadas sus puertas la impulsaban a gastar en cosas innecesarias, la transportaban hacia un estado febril de competencia que vencía mediante esfuerzos de sensatez; pero quería comprarse esos aretes. Hacían juego con el vestido negro de lunares blancos que su tía Rosario le había enviado desde Perote dentro de una caja envuelta con papel manila. Regalo de cumpleaños confeccionado por una costurera aplicada en los terminados de ojales y bastillas y no muy al tanto de la moda. Acomodados en un estuche de terciopelo, los aretes lanzaban destellos comandando varias hileras de piedras coruscantes y seductoras. La dependienta los había colocado allí por ser los más llamativos y caros.

Aunque Carmen era parca en sus costumbres de vez en cuando despilfarraba dándose pequeños gustos. Y su complacencia voló por el condominio de una recámara en el cual no faltaba nada, desde la tostadora de pan, la sarteneta eléctrica y el horno de microondas en la cocina, hasta los más modernos adelantos de la técnica audiovisual representados por un estéreo de discos compactos y una televisión de veintiuna pulgadas en la estancia. Por supuesto nadie le había regalado ese confort resultado de trabajos forzados adivinándole el pensamiento al señor Malvido como secretaria particular. Afortunadamente, casi en los principios del siglo XXI, las mujeres aprendieron a valerse por sí mismas con eficacia y orden cuando saben que los bienes de hoy remedian las penurias futuras; sólo así enfrentan una vejez digna si no dependen de nadie ni cuentan con parientes que las mantengan. Y sin mediar más razonamientos prácticos a los cuales solía aferrarse, Carmen sintió que los años se le habían ido en un guiño, un parpadeo. Antes de que se fuera el ayer, llegó el mañana y el hoy no aparecía nunca. Se sumergió en una luz azul, en una tristeza vaga, con el sentimiento de que los días empezaban a contar. Tuvo esa certidumbre al servirse una taza de café y dos o tres galletas sobre un plato.

Una deformación profesional la obligaba a escribir mentalmente en taquigrafía los pendientes cotidianos. Por la tarde iba a poner orden en su clóset y a lavarse el pelo. Siempre se lo había dejado largo para tejerlo en una trenza alrededor de la cabeza. Reconstruyó la imagen de una compañera suya en la preparatoria, la más afortunada de la clase, que se burlaba a carcajada limpia por esa costumbre de lavarse el pelo sólo los sábados. Aquella niña tenía dotes de soprano: «¡Oh María, madre mía! ¡Oh consuelo del mortal! ¡Amparadme y llevadme a la patria celestial!», cantaba parada en lugar de honor en tanto las demás formaban interminables filas, que daban vueltas y vueltas al patio, para depositar flores blancas a los pies de una Concepción estofada que subida en alto recibía la ofrenda, cubierta por su manto azul, marco de un rostro hermoso e imperturbable.

Sin embargo aquella niña, dispuesta a tocar las campanas del paraíso, escondía algo diabólico bajo su mirada ávida, sus senos trémulos y su cinturita de avispa que ni la lana del uniforme azul marino lograba disimular. Era un demonio al que la suerte le había proporcionado cuanto una adolescente desearía. Un gran coche color camote que echaba chispas desde su cofre pulido la llevaba diario a las puertas del colegio y la esperaba antes de la salida. Usaba sobre el pecho una medalla guadalupana rodeada de brillantes. Se la había dado un novio de dientes perfectos hechos para anunciar pastas dentífricas. Y, ésto ya parecía imperdonable, los padres de esa niña le cumplían cualquier capricho convencidos de que era un ángel de carne y hueso. No sospecharon que escondía una crueldad filosa ejercitada contra los débiles, contra una muchacha que boleaba tenazmente sus zapatos empeñadándose en borrar las raspaduras de la piel a base de betún negro. Desde el extremo más lejano del salón, con un falsete, le gritaba impostando la voz: «Carmen Acosta, que te pica una mosca», y parecía rascarse con diez uñas su cabellera llena de ondas oscuras y sedosas. O se apretaba la nariz para no oler algo apestoso. Siete u ocho cretinas celebraban el chiste. Formaban un grupo homogéneo, cerrado. Juntas recorrían capillas y canchas de juego en alegre complicidad, desafiando el santo temor de Dios, convencidas de que el porvenir no les reservaba ninguna sorpresa desagradable, que serían siempre jóvenes, ricas y bellas. Y cuando veían que con sus impertinencias Carmen casi quería morirse, la consolaban convenciéndola de que estaban bromeando. Ella hubiera anhelado tenerlas de amigas; pero nunca se atrevió a enfrentar un rechazo.

Entre todas, aquella niña representaba el prototipo de la ventura. No celeste sino terrena. Como si, con sus notas sobresalientes en todas las materias, hubiera llegado en primer término a la repartición de bienes. Carmen sentía que le había tocado uno de los últimos lugares, cuando las flores de la virgen comenzaban a marchitarse. Y aquella niña se convirtió en objeto de su envidia sangrante. Soñaba con ella sueños donde la hacía representar distintos papeles como una madre burguesa idolatrada por el hombre de dientes publicitarios, transformada en estrella hollywoodense, en ejecutiva neoyorkina, en cantante de ópera erguida a mitad de un escenario iluminado con rayos violetas, énfasis perplejo a las dulces notas de un aria que flotaba suavemente hasta la fila z del tercer piso en el Palacio de Bellas Artes, donde Carmen Acosta sentada en una oscura butaca temblaba de admiración y de rabia. Al despertar descubría que se trataba de aprensiones falsas, cosas sin fundamento; pero en las horas de vigilia y tráfago cotidiano conservaba un sentimiento inexplicable, la certidumbre de que aquella niña le había robado absolutamente todo su patrimonio en este mundo, las oportunidades de ser feliz. Era su enemiga, su contendiente.

Con el tiempo se desdibujaron los rasgos de ese rostro tan amorosamente odiado. No lo había visto en un cine, a la salida del súper, al abordar algún vehículo o en reuniones de exalumnas a las que, por otra parte, Carmen jamás asistía. No había descubierto fotos suyas en los periódicos ni leído su nombre en las secciones de sociales o en una esquela de defunción; pero, aunque las matemáticas del destino nunca son como las de un ejercicio escolar, Carmen presentía que volverían a encontrarse.

Bebió a sorbos pausados una segunda taza sin reconfortarse con el aroma del café veracruzano y, como si le hubiera caído encima un capote de lana, hizo con la mano un gesto espantándose una mosca inexistente que alejara malos pensamientos. Revisó su bolsa. Traía sus llaves y las de la oficina del señor Malvido, licencia automovilística, nota de la tintorería que amparaba su mejor traje, el sueldo quincenal. Aún no lo distribuía en sobrecitos dedicados a sus pagos mensuales, incluso la parte consagrada a su libreta de ahorros. Llevaba, además, dirigida a su tía Rosario una tarjeta postal sin timbres. Se convenció de que nada le faltaba y salió cerrando la puerta con la meticulosidad de un portero responsable.

Desde el fondo de sus moléculas de plástico, los iridiscentes zafiros le decían ¡cómpranos! Y a esa petición se unían los destellos de las circonias engarzadas en cerquillos que le suplicaban ¡háznos tuyos! Prometemos mejorar tu apariencia, fingirnos genuinos, tapar las sutiles cicatrices que detrás de las orejas te dejó la cirugía plástica. Carmen dudó aún unos segundos. Al rato quien sabe si no le hubiera importado tanto; pero en aquellos momentos sufría abandonándolos en espera de otra clienta. Se alejó algunos pasos

14

y reconsideró la necesidad de poseerlos. Con decidido gesto de potentada sacó una mica amarilla y dijo ahogándose con el desplante:

—A mi cuenta, por favor.

Guardó dentro de su bolsa otra bolsita rosada con el precioso tesoro y, tal vez por la angustia que la decisión había significado, el café causó efectos y tuvo unas ganas enormes de orinar. Así pues fue al baño de mujeres. Entró despreocupada e instantáneamente experimentó una sensación desagradable en la nuca, la fijeza de una mirada bizca a su espalda. Una morena que se recargaba desenvuelta contra el lavamanos la observaba con arrogante curiosidad. Carmen no prestó demasiada atención urgida de que desocuparan algún excusado: el primero libre, lo gano yo. Las necesidades imperiosas nos impiden ser corteses, pensó recorriendo con los ojos puertecillas recortadas bajo las cuales asomaban piernas de distinto grosor y zapatillas de varios tamaños.

Por fin salió una señora y antes de extinguirse el ruido de la cadena, Carmen entró apresurada. Puso su bolsa en el suelo y se entretuvo levantándose la falda y bajándose la pantimedia. Entonces, incrédula, sin entender lo que pasaba, descubrió una blanca mano de largas uñas que en un rápido desliz agarraba su bolsa y la desaparecía por el hueco entre el piso y el filo de la puerta.

Carmen se vistió como pudo y corrió tras la ratera. No se encontraba ya en el baño, en el pasillo, ni era identificable entre las innumerables personas que recorrían los departamentos de distintos artículos, o entre las que subían o bajaban las escaleras eléctricas. Ninguna se parecía a la descarada en quien apenas había reparado y que sin duda era la delincuente. Furiosa, Carmen levantó su queja ante los detectives del establecimiento y hubiera pedido auxilio al cuerpo policíaco entero y al cuerpo de bomberos completo; pero resultaría inútil.

El enojo se le convirtió en depresión. Los espíritus visibles e invisibles eran causa de su mala suerte. Con pies de trapo logró apretar el botón del elevador y pedirle a su vecina el duplicado de la llave que guardaba para emergencias. Esa noche no durmió. En un estado catastrófico concluía que la vida acaba con todo y deja que se escurra fuera de nuestro alcance. ¿La vida? Quizá nosotros mismos, se culpaba dando vueltas en el campo de batalla de su cama y ahuecando la almohada, esponja que sorbía el manantial de sus lágrimas.

Sin embargo, el lunes se presentó puntual al despacho y desempeñó sus obligaciones con un cierto automatismo que sólo hubiera notado alguien que la mirara con interés. Cerca de las doce sonó el teléfono. Una soprano ligera preguntaba por ella y enseguida se identificó como la autora del hurto. Estaba apenadísima por haber sucumbido a su cleptomanía. Actuaba por impulsos y luego la vergüenza le causaba sufrimientos tremendos que los psicoanalistas no remediaban. Claro que devolvería lo robado para lo cual deberían encontrarse otra vez en el tocador de damas de Liverpool. Allí le entregaría sus cosas, incluyendo los aretes tan exquisitos y azules.

Carmen se mostró dispuesta a perdonar y hasta dio las gracias por lo que creyó un elogio a su gusto personal. El señor Malvido se dispuso a prescindir de sus servicios esa tarde y ella llegó a la cita antes de las cuatro. A partir de esa hora consultó su reloj constantemente, cada quince, cada diez minutos y un sudor frío le nacía de la trenza y le bajaba hacia el escote. Nadie dio señales de reconocerla o de intentar hablarle, ni siquiera mientras las luces fueron apagándose y los rincones de la tienda quedaron desiertos.

Segura de que la habían hecho víctima de una nueva jugarreta, Carmen Acosta Rosas del Castillo quiso refugiarse en la tibieza de sus sábanas para llorar a grito pelado. Cuando regresaba, todavía pudo ver desde lejos un camión de mudanzas que partía de su casa a toda prisa.

# Desfile de modas

para
Ana Rosa Domenella

¿Dudé en ir por la certeza de que ella estaría allí, con una juventud en la que no podía creerse? Mejor pensado, por eso fui. El desfile de modas no me interesaba, a mí, tan pasada de peso, dándome siempre plazo para mantener una dieta rigurosa que he memorizado y que continuaría con éxito si quisiera. Se reduce a controlar el metabolismo, disciplinarse, beber mucha agua, tres litros diarios, huir de grasas y harinas como si fueran la peste. Y llega el momento que ni siquiera sientes hambre; pero desde hace meses desistí. ¿Meses? Años. No muchos, unos cuatro o cinco. Acepté irremediablemente mi falta de voluntad para seguir lo que tantos doctores me recomiendan. Desayuno, huevo frito en Pam, o rebanada de jamón o de tocino; media naranja, una taza de té o café. Cada tercer día una tostada. Comida, crema de zanahorias o calabacitas, ensalada, cien gramos de carne, té. Noche, manzanas y té. ¿Verdad que es maravilloso y fácil?

19

Usted misma puede diseñarse sus menús y le garantizamos que baja kilo y medio por semana hasta ponerse como sílfide tuberculosa. Con tanta frugalidad adelgaza un rinoceronte. Andele no se desanime, respire hondo, tome valor y felicítese a sí misma cuando sea más delgada, sin esos senos melones en desacuerdo con su edad y esos muslos que se tropiezan uno contra otro.

Y a pesar de los pesares no logro privarme de los pasteles que venden por todas partes rellenos de chocolate lustroso, un suave terciopelo, y las trepidantes pastitas y el café irlandés con su buena porción de whisky y su crema batida arriba, coronación de espuma. Por supuesto, eso ya ni se pregunta, cantidades industriales de espaguetis bañados en salsas condimentadas, chilaquiles mañaneros, nuestros suntuosos antojitos que hasta en la televisión anuncian y las gordas y picadas veracruzanas como cuando aún estábamos juntos, la familia reunida, y jugábamos al nacionalismo y cada sábado llegaba a casa una negrita, Rosario, contratada para tortear el sabor de tierra caliente.

Aparte de mis kilos no soy fea. Con mis ojotes verdes, mi dentadura impecable y estas cejas pobladas iguales a las que tienen las nietas de Hemingway. Sólo que no me preocupo por la silueta, sino al ir de tiendas y comprarme trajes dos tallas menores que se quedan colgados en el clóset porque los botones casi revientan y los sacos me inflan chipotes en la espalda. Mientras adelgazo uso ropa provisional, camisetas holgadas, jeans, suéteres amplios. Por eso no supe bien qué ponerme para venir sin parecer desaliñada al compararme con otras muchachas que miden uno setenta y cinco y tienen cabellos sedosos como colas de caballo, o con las señoras tan pulcras y cuidadas.

Temblaban mis manos cuando le entregué las llaves del coche al *valet-parking* y antes de bajar, en el espejo retrovisor, me arreglé los rizos llenos de luces rubias y me retoqué el carmín de los labios y el rubor de las mejillas. Después de todo, me dije, voy a verla y quizás me toque sentarme más o menos cerca de ella, siempre dueña de sí misma, con su aureola perfumada.

¿Perdió esa compostura al conocerme? Ni siquiera imaginaba que sucedería ¿O sí? Lo había previsto alguna vez, estoy segura, en sus insomnios, en sus desvaríos, mientras paría a sus hijos. ¿Durante la fiesta en que Sebastián pidió su mano habría soñado que yo la llamaría? Un día irrelevante, al inicio de sus rutinas cotidianas, ante sus porciones de toronja y avena con leche calentada en el microondas ¿supuso que sonaría la hora en que íbamos a vernos? ¿Escuchó en la distancia el tono de mi voz buscándola a través del océano? Al oírme, nada me lo dijo. Modificó levemente, creo, la inaccesible cordialidad con que contesta el teléfono. Y sin embargo yo había emprendido un verdadero interrogatorio desenredando una madeja hasta hallarla, y supe que necesitaba hacerlo desde que tuve la edad suficiente para valerme por mí misma.

Tan pronto me decidí, las cosas se precipitaron sin mayores obstáculos, milagrosamente. Viajé a Barcelona. Visité las maternidades privadas y pedí que me enseñaran los archivos. No lo permitían las reglas, pero el peso todavía vale más que la peseta. Y allí reposaban aquellos valiosísimos expedientes apilados sobre una mesa esperando que yo los revisara. El 28 de febrero de 1970 nueve mujeres dieron a luz. Cinco tuvieron hijos hombres; cuatro niñas. Entre las madres una acababa de cumplir diecisiete años. Brillaba por su ausencia el apellido del padre. Figuraba el de los abuelos y refulgía, como si lo hubieran caligrafiado con gas neón, el nombre de la madre, Laura López Escamilla que había parido a una criatura de tres kilos ochocientos gramos perfectamente saludable. No me cupo ninguna duda. Era ella.

El siguiente paso fue incluso más sencillo. Bastó con recorrer mi dedo índice siguiendo en línea descendente los López Escamilla del directorio. Veinte en total. El quinto me preguntó qué deseaba. Le respondí de la manera más cautivadora que una amiga de Laura quería trasmitirle saludos. Sin desconfianza alguna el tío Ernesto me indicó que ella vivía en las afueras de la ciudad. Anoté su número privado. Y marqué cuatro veces. Se me revolvían los dígitos como si estuvieran inscritos en agua. Y al fin escuché las frases guturales de quien siendo catalana habla español. No estamos para atenderte pero puedes buscarnos en otro sitio. Sebastián responde su línea directa. Yo me encuentro en el negocio. Si prefieres dejarnos un mensaje, espera la señal y nos comunicamos contigo.

No dejé mensaje. Con el corazón tamborileándome en las sienes la llamé un lunes a la tienda de telas finas. Contestó personalmente. Yo tenía preparado mi pequeño discurso. Pero emocionada, logré balbucear alguna tontería. Tú me conoces. Yo no te conozco a ti, dije. Cuando debí decir al revés como una revelación auditiva. O empezar el diálogo de otra manera. Finalmente le pregunté si sabía quién hablaba. Me lo imagino, repuso. Entonces déjame verte, déjame platicar contigo, invitarte a comer. Se hizo un silencio. Temí que colgara y hasta le pregunté si continuaba allí, con el auricular sobre la oreja. No había colgado, pero necesitaba meditarlo. ¿Dónde te hospedas? ¿Cuarto 201 del Ritz? Me pongo en contacto. Pensé que se escucharían las campanitas de la comunicación a la media hora y permanecí encima de la cama hojeando revistas con el radio prendido. Luego salí a turistear. Aprecié del piso a las torrecitas la magnificencia de la iglesia que Gaudí dejó inconclusa. En el Parque Güel un tipo intentó propasarse y cuando no le hice caso me lanzó una broma obscena. Comí como desesperada en un bar por el rumbo del monumento a Colón, anduve por las ramblas aunque las agujas heladas del aire marino calaban mi piel. Me autodescubrí reflejada en el aparador de una charcutería y tuve una enorme lástima por algo desvalido y triste en la expresión de mi cara y cada vez al volver, en cada entrada y salida, preguntaba a la recepcionista si alguien me había hablado. Llamó el jueves.

Se me cortó la respiración como si fuera a morirme descubriéndola parada en el vestíbulo. Menuda, más baja de estatura que yo, vestida con un Chanel azul que hacía juego con la camelia que llevaba en la blusa de cuello alto y la bolsa de cadena al hombro. Tal como la había imaginado el día anterior o veinte años atrás, sólo más joven. Me acerqué con la mano extendida efusivamente. Me recibió sin sobresaltos. Caminamos hacia un lugar cercano al hotel en cuyo estacionamiento dejó su coche. Entramos a un restorán ni chico ni grande, más bien íntimo. Elegí una mesa junto a la ventana, hacia la calle. Dudó un instante, pero estuvo de acuerdo y quedamos una frente a otra, una frente a otra nuestras copas de vino, nuestras servilletas extendidas sobre las rodillas. Me embelesaban sus pestañas alargadas con una máscara café y las colinas de sus pómulos acentuados por el rubor del maquillaje. Tiene los ojos color aceituna con diminutas rayitas rojas y negras; pero no lo aseguro porque nunca me miró de frente, ni siquiera una vez; como si no soltara prenda o pensara que en ese único momento había quedado a mi merced, a merced de un pasado que perturbara la calma chicha en que navegaba tanto tiempo, con su marido arquitecto y sus dos hijos varones estudiantes ya de bachillerato. Por eso ella vendía telas exclusivas y conservaba una clientela exigente, de excelente gusto. Surtía a los modistas más famosos, los que confeccionaban vestidos de novia o de noche y, claro, sin desatender sus obligaciones domésticas ni la oportunidad de acrecentar su patrimonio. Siempre con los ojos bajos, untando el pan con mantequilla, partiendo en bocados su filete a la pimienta verde, se mantuvo imperturbable cuando le pregunté: ¿Nunca pensaste en mí? Procuro no hacerlo, contestó alcanzando con el tenedor las verduras. En la España franquista no resultaba fácil, a los diecisiete años recién cumplidos, quedar embarazada de un novio también adolescente que la había plantado. Y sus padres, buenos católicos, puntuales a la misa de doce los domingos y a guardar los mandamientos, jamás hubieran permitido el aborto. Imposible ese crimen. Era mejor la larga espera del parto y luego tomar medidas. Las monjas reparadoras se encargarían de todo y aquí no ha pasado nada. Un tropiezo poco importante si mantenían la compostura. Sebastián no lo sabía. Ni siquiera con una botella de brandy Felipe II entre pecho y espalda se le hubiera ocurrido que aquella muchacha avanzando hacia el altar, velada por su tul sostenido con una corona de azahares, había resbalado en el tobogán de un desliz. Que ese talle de lirio se había hinchado nueve meses para gestar dentro, célula por célula, hasta parir en perfecta salud a una niña de tres kilos ochocientos gramos con hoyuelos en los brazos, solicitada en adopción por unos mexicanos ricos, adoradores de la raza blanca, de los Tonatiuhs dorados.

Y a los postres, mientras metía la cucharilla en el arroz con leche, me aclaró furtivamente, te pareces a tu papá. Y regresamos sin prisa y sin demoras. Volteada hacia la calle donde transitaban los automóviles me preguntó si era feliz. Le dije que sí, muy feliz. Nunca he pensado en suicidarme ni me siento desposeída, solitaria o abandonada. Inmensamente dichosa salvo por esta gordura que prometo combatir para que si nos juntamos de nuevo me veas tan elegante y esbelta como tú; pero no me pidió mi dirección, ni fijó otra cita, ni prometió escribirme.

Ahora, sin esfuerzos, su nombre volvió a llegarme a través del correo entre los organizadores de un desfile de modas europeas. No había que buscarla cruzando el mar. Estaba a la vuelta de la esquina.

Con un sentimiento reptante entre el manantial amoroso y el río oscuro del rencor, subí cuatro o cinco peldaños con rápidas zancadas, la entrada a la Hacienda de los Morales. Las edecanes me dieron un abanico, con el logo de Lufthansa, necesario para el calor de la multitud. Caminé sobre los tapetes rojos tendidos contra las mesas del bar, hasta el salón La Troje acondicionado con una inmensa pasarela parecida a una lengua donde al ritmo de rock brincoteaban las modelos con sus piernas de flamingo. Se reemplazaban unas a otras pasmosamente veloces como si se jugaran la vida frente a un gentío sentado en varias hileras de sillas con su respaldo almidonado. Les eché sólo un vistazo. Me entregaba en cuerpo y alma a la imposible tarea de encontrarla.

# El bistec

¡Ruperta, no dejes la ropa tendida al sol tanto tiempo! Se decolora y queda hecha puras garras. ¡No olvides picar bien las calabacitas y ponerles su epazote! ¡Compra en la farmacia mi medicina para los nervios! ¡Lava el patio con jabón y escobeta para despercudirlo! ¡Que la sopa quede sabrosa! ¡Corre por los niños a la escuela! ¡Abre la puerta, el señor viene tropezándose como acostumbra! Y Ruperta a todo decía sí. Volaba por la casa, dejaba pulcros los rincones, limpiaba de rodillas pisos, sacudía hasta marcos y espejos, demostraba su eficacia inigualable y arreglaba los problemas de su patrona que era una verdadera generala disciplinando sin tregua ni cuartel. A veces quedaba pasmada ante la autonomía de su propia voz tarabilluda que no paraba de mandar convertida en un tic nervioso. A ella misma le resultaba inexplicable el aguante y la fidelidad perruna que Ruperta le había demostrado durante diez años. Era capaz de leerle presurosa el pensamiento y los deseos con sólo mover los ojos, chasquear la lengua o tronar los dedos, como esclava a la que nunca se le ocurriera liberarse. Sumisa y reidora decía «lo que usted disponga niña» y mostraba su dentadura perfecta con un fulgurante diente de oro a pesar de la miseria que ganaba.

Las amigas de Lucrecia lo comentaban perplejas mientras padecían contingencias domésticas y en la más absoluta desesperación pegaban a las ventanas cartulinas del consabido letrero: «Se solicita sirvienta». Y lo quitaban arrugado y amarillento sin que nadie ocupara el empleo.

Pero el brujo fue terminante: «Si usted quiere recuperar a su marido, que deje de emborracharse y de ser mujeriego y parrandero, si quiere que se engríe con usted otra vez, ese es el único remedio. No existe ningún otro que yo le garantice».

Lucrecia pagó la consulta y anduvo por los arrabales de Catemaco un poco dubitativa, tropezándose con las piedras. Los tacones se le hundían en el lodo mientras cavilaba sobre la manera de hacerlo. Afortunadamente estaba a punto de que le bajara la regla y había poco tiempo para los arrepentimientos. A los tres días vino la visita esperada con su natural secuencia de cólicos y depresiones. Lucrecia sacó fuerzas de flaquezas y se dispuso a no echar el consejo en saco roto. Fue a la carnicería para elegir una suculenta chuleta gorda y jugosa. La extendió en un platón. Hizo gala de buena *gourmet* y maquinalmente la prepararó tal como le gustaba a su marido condimentada con ajo, sal, pimienta, salsa inglesa, una cucharadita de mostaza (para que se disimule el sabor, pensó) y luego venció sus reticencias cuando susurraron nuevamente en sus oídos las recomendaciones del brujo, «agregue usted sangre de su menstruación y cocínelo». Así que añadió el toque maestro antes de voltear la carne por todos lados y remojarla bien. La puso en el refrigerador y esperó jubilosa la hora de la cena.

El marido llegó jetón y medio borracho. Ella respiró hondo pidiéndole a sus ángeles custodios que le dieran paciencia. Disculpó incongruentes impertinencias y sin prestarle importancia al asunto preguntó con dulce entonación:

—¿Te gustaría merendar una carnita asada?

La respuesta fue una especie de gruñido y un movimiento soez para endilgarse la servilleta al cuello.

Lucrecia tocó su campanilla y pidió imperturbable:

—Ruperta, fríe el bistec que preparé hace un rato y sírveselo al señor con guacamole y frijolitos.

Ruperta miró al vacío, retorció la punta del mandil y repuso:

—¿No querrá el señor unos chilaquiles?

—No, mujer, no. Trae el bistec —dijo rápidamente Lucrecia antes de que su cónyuge cambiara de opinión.

—Usted perdone niña acabo de comérmelo. Lo vi tan sabroso que se me antojó —¿Le hago al señor unos chilaquiles?

—¡Que sean verdes ! —rugió el marido .

Desde ese momento Lucrecia empezó a ordenar, pónles queso fresco y cebolla. Y mañana lavas la ropa atrasada desde hace una semana. ¡Ruperta! ¿Oíste, Ruperta?

# Una hilera de besos

para
Alberto Dallal

*¡Tanto se emprende en término de un día!*
Pedro Calderón de la Barca

Vio la rosa más bella que había florecido ese año en su jardín, púrpura intenso, pesada, con los pétalos que emulaban la perfección. No pudo resistirse y mandó cortarla. La puso encima de su tocador dentro de un esbelto florero ámbar; sin embargo, después de unos días, el tallo empezaba a doblegarse y las hojas a perder su brillo aterciopelado. Pensó que la belleza era muy efímera y, por una de esas inexplicables volteretas de la imaginación, pensó también que sólo en México convivían tan naturalmente durante todas las estaciones del año los verdes primaverales con nochebuenas y pinos navideños. Atendió su reloj y se dio prisa para llegar al club.

No vivía uno de sus momentos más afortunados. Mientras se maquillaba frente al espejo compartido por otras señoras, que hablaban sin parar sobre la

31

forma en que pasarían el domingo y los preparativos para el fin de semana, admiraba casi morbosamente el cuerpo de una muchacha que se peinaba con secadora e inclinada hacia el suelo movía la cabeza a manera de péndulo para que su larga melena castaña con mechas claras se acomodara de un lado a otro simulando una modelo de algún anuncio televisivo. Los pequeños senos y el vientre plano dentro del biquini blanco eran un dorado portento juvenil. Y ella se acordó de sí misma, pequeña, delgadita, nacarada, con el cabello negro hasta la espalda. Volvió los ojos al espejo y su imagen la desmoralizó, aunque en honor a la verdad había luchado contra la vejez como gato boca arriba y después de todo no estaba tan mal. No. No tan mal considerando la situación; un poco ojerosa, con los pómulos algo marcados; pero las cremas caras y los buenos peluqueros le daban estilo, una seguridad de mujer que jamás había sufrido estrecheces, acostumbrada a mandar, con éxito en su matrimonio actual y en su carrera de arquitecta que le había permitido proyectar varios aeropuertos. Recordó que tenía demasiadas cosas por delante y terminó su arreglo.

Las manos le temblaron al despedirse de su ginecólogo luego de oír el dictamen clínico. Pagó con tarjeta bancaria; sin embargo, cuando le preguntaron si le daban recibo de honorarios, contra su costumbre dijo que no lo necesitaba. Tomó el amplio sobre que contenía radiográfías y análisis y entre brumas siguió un pasillo antes de sumir el botón del elevador. En su automóvil, ordenó al chofer que la llevara al Parque México. Mientras el vehículo se deslizaba sin hacer ruido, recostada contra el asiento trasero miraba hacia afuera por la ventanilla cerrada. Dejó de sentir el disgusto que sentía al ver bolsas de basura tiradas en las esquinas o apoyadas contra un árbol como los primeros síntomas de un apocalipsis próximo, negación completa del orden, la limpieza, los valores establecidos.

Por alguna razón inexplicable las calles estaban cambiadas, se extendían en un tiempo dilatado. El tramo entre el hospital ABC y la colonia Hipódromo se iluminaba por luces diferentes ¿más asoleadas o más grises? Simplemente distintas, como si los rayos de la tarde cayeran en forma menos vertical y se difuminaran en un letargo que alargaba las palmeras, sobrevivientes de la furia devastadora que padecemos los mexicanos; el pesado ambiente de la tarde estrechaba los edificios de la avenida Tamaulipas y afeaba los camellones de Amsterdam con su pasto mal cortado. También eran distintas las fachadas de las casas construidas en los treintas, familiares aunque jamás hubiera franqueado sus puertas ni se asomara por sus ventanas de rejas geométricas ligadas a la memoria de manera insoslayable.

Arriba, una golondrina revoloteante a corta altura reflejó su perfil furtivo en el cofre pulido del coche. El cielo azul sin nubes evocaba tardes infantiles, las horas despreocupadas de su adolescencia, el día de su primera boda en una casa de ese rumbo, participaciones grabadas, numerosos concurrentes, pastel adornado con campanas gozosas, su vestido de novia que nadie había alabado. Ni siquiera ella se movía contenta entre gasas blancas que le colgaban de la cintura porque con el nerviosismo prenupcial adelgazó. Se acordaba aún algo nostálgica de aquella pureza e ingenuidad virginales, de aquel proyecto de vida que no cuajó. Al casarse, nadie pierde el sueño con la idea del divorcio. Simplemente entra dentro de lo posible o lo probable, aunque lógicamente los contrayentes crean que a ellos, precisamente a ellos, nunca se les presentará; pero ahora, con el sobre a su lado en el asiento trasero del auto, se dirigía al restorán para cumplir una cita que ella misma había concertado. Se preguntó por qué marcó el teléfono para decirle a su exmarido que necesitaba verlo. ¿Sabía de antemano el resultado de los análisis? Sí. Lo sabía. Iba a despedirse del esposo y del amante que le descubrió el deseo, el latido del sexo. Después había expugnado la fortaleza de otro amor más firme y había sustituído unas ilusiones por otras; pero nunca olvidó los besos, el sudor de una piel agradecida, el sueño profundo de quien está satisfecho. Quizá habría la posibilidad de sentir ese éxtasis una vez más. Resucitar el ardor una última vez en la suite de algún hotel cercano. Volver a la caricia eléctrica que empieza en la frente, desde el nacimiento del pelo, y baja por la nariz y la barba, el cuello, el pecho, en una hilera de besos continuados hasta la punta de los pies, una hilera de besos que recomenzarían cuantas veces precisaran para quedar ahítos.

Sin hacerse del rogar, él fijó fecha, hora, restorán. Y ella llegó como siempre puntualmente. Casi puntualmente, cuatro minutos antes. El tránsito se hallaba fluido y el chofer encontró la manera de acortar rutas. Le pidió estacionarse media cuadra adelante para no importunar a los encargados del *valet parking* o para evitar que como todos los choferes fuera un testigo incómodo.

Antes de entrar se empolvó la nariz, retocó el rubor de las mejillas y el rojo intenso que usaba en los labios. Al salir del auto estiró su pierna forrada con una delgada media color ala de mosca haciendo juego con su traje y apoyó su zapato de tacón alto sobre la acera. Luego caminó erguida. Consultó su reloj y se encaminó hacia dentro; pero se detuvo unos segundos cuando descubrió a unas mesas de distancia las caras de su excuñada y de una amiga que la llamaban moviendo los brazos. ¿Las había invitado él o era una coincidencia? Parecía increíble que en una ciudad de veinte millones de habitantes las encontrara ese día, precisamente ese día y en ese lugar que no estaba de moda ni era demasiado frecuentado. El caso es que ya no tuvo tiempo para recular, cruzaron saludos y le preguntaron si esperaba a alguien o quería sentarse junto. Turbada como niña pescada en una travesura confesó que esperaba a su exmarido. Las dos tuvieron una fugaz mirada de malicioso asombro extinguida cuando exactamente a las tres llegó él, metido en una camisa de seda negra; él que al pronto tampoco entendió la presencia de su hermana y de la amiga ¿Las había invitado ella o era una casualidad? ¿Cambiarían de mesa o buscarían mejor otra parte? A una cuadra de distancia habían convertido una casa antigua en un establecimiento que servía comida internacional. Pero la cita se daba de modo imprevisto y ella, ni siquiera ahora ante la inminencia del sobre en el asiento del automóvil, desafiaba chismes o suspicacias. No quiso moverse de lugar. Permanecieron la comida entera fingiendo interesarse en pláticas banales. Los labios se movían sin parar, mostraban los dientes, la punta de la lengua. Recibían el suave roce de la servilleta después de tragar algún bocado, apenas daban tiempo a leves asentimientos, a comentarios pertinentes, y retomaban su tarea parlanchina. Los rumores cercanos, el chocar de vasos y cubiertos, la risa que provocaba algún chiste afortunado eran una música de fondo, y ella se preguntó por qué asumía esa actitud de niña obediente que calla mientras conversan los mayores y desperdiciaba el encuentro que había predispuesto. A pesar de sus logros profesionales y de haberse adelantado un poco a su generación, nunca fue demasiado audaz al desafiar convencionalismos femeninos que le enseñaron las normas maternales o las monjas del Colegio Francés. Por eso se vestía con un buen gusto sobrio y sus proyectos tenían una cualidad de pulcra amplitud. Por eso la autocrítica que le sirvió al trazar líneas sobre sus planos le impedía olvidarse que durante el tiempo transcurrido su silueta se iba desfigurando lenta, imperceptible e implacablemente.

Las dos se despidieron cuando él había perdido la actitud expectante y entusiasta que mantenía al llegar y a ella se le había borrado el pequeño discurso que pretendía endilgarle. Un ángel cruzó volando, dijeron casi al unísono apoyándose en la frase trillada para romper el silencio y de inmediato se dieron cuenta de que se comportaban con una falta de naturalidad alarmante en dos adultos que llevaban veinte años divorciados, viéndose en fiestas de amigos mútuos o llamándose cada muerte de un judio con pretextos bobos.

A él parecía no importarle las razones que ella tuvo para citarlo. Jamás se las preguntó como si para verse no necesitaran todavía ningún motivo especial. Habló de todo y de nada. Habló de cómo en ellos el amor había engendrado una amistad a toda prueba, ya no podían lastimarse por mucho que lo intentaran. Ya no podían herirse aunque se lo propusieran sabiendo, como ninguna otra persona en este mundo, mover los resortes que a uno y a otro sacaban de quicio, las sutilezas o los arrebatos que los enfurecían. Descubrió la mano de ella jugueteando con el tenedor y la cucharilla del postre que no había probado, un brillante de tres quilates engarzado en montadura antigua suscitaba fulgores. Le acarició el dorso con una ternura salida por la yema de los dedos, la recorrió, se detuvo un instante en el anillo, siguió hasta la punta de las uñas, la volteó hacia la palma y en un impulso se agachó a besarla larga y dulcemente. ¿Cambiaste de perfume? ¿ya no usas Aires del Tiempo que yo te regalaba? inquirió. Déjame adivinar, Escada. Sí, hueles a Escada. Está bien, es agradable. Y al aceptarlo se quedó con la vista un poco perdida sobre el mantel como si no alcanzara a comprender muchos enigmas pasados ni presentes. ¿Verdad que ahora nos comprendemos mejor? Eramos jóvenes. Incapaces para defender la felicidad. El orgullo y la inexperiencia son malos consejeros, dijo. Ella corroboraba lo dicho con su silencio y cuando él intentó separarse lo detuvo como pidiéndole que no la soltara. Buscaba la manera de llegar al punto en que no sonara ridícula su propuesta, la propuesta imaginada, ir al Hotel Presidente, registrarse como matrimonio, fingir que el equipaje llegaría más tarde, titubear, pedir al cuarto unos martinis secos que ahora estaban de moda nuevamente. Prender la luz, apagar la luz, susurrarse cosas al oído, estremecerse como antes y que cada gesto y movimiento sucediera con naturalidad. Buscaba la forma de que sus pretensiones no parecieran descaradas y torpes; pero las frases jamás salían y él, como la mayoría de los hombres, no era adivino y los minutos se esfumaban en una especie de silencio inútil. Ella reparó en las pecas que habían brotado sobre esas manos que la habían hecho compartir las ebulliciones de una pasión que terminaba en la espuma de una playa donde dormían abrazados. Y esas fantasías la llevaron a reconstruir un momento real de su viaje de bodas, en que se había sentido absolutamente dichosa y tranquila contemplando desde lo alto de un risco el mar a la distancia.

De pronto, como si emergiera de graves reflexiones, él dijo que debía contarle algo. Ella lo miró ansiosa e interrogante. El le confió seleccionando las palabras que estaba a punto de tener una hija según auguraba el ultrasonido que acababan de hacerle a la mujer con quien vivía.

El silencio cayó como un capote pesado que ella se quitó de encima con un manotazo. Le cambió la dulzura del rostro, el tono de la voz. Sintió una rabia negra que le subía desde adentro igual a un pozo petrolero antes de reventar. Sin embargo lo felicitó pronunciando cuidadosamente sílaba por sílaba. Es una maravilla que ustedes sigan engendrando cuando nosotros tenemos fecha de caducidad, dijo. Me alegro; pero déjame darte un consejo. Sólo John Travolta puede usar camisas de seda negra porque gracias a Tarantino ha consolidado la personalidad de un gánster simpático. En ti son de un vulgar espantoso, regálale la que traes puesta a tu jardinero o a tu cuñado...

El no esperaba la agresión ¿o sí? Los ojos le brillaron como si estuvieran a punto de anegarse y un rubor le cubrió la cara. Se enrojecía con esa ira a la que era tan proclive. Sorbió unos tragos de café y casi sin interrupciones preguntó: ¿Por qué no me regresas el anillo? Me parece injusto que después de tantos años sigas usando algo de mi abuela que debería ser para mi hija. Por supuesto ni se me ocurre que me lo devuelvas así, sin más. Véndemelo en su justo precio. Ella pensó en el sobre ominoso que horas antes le habían entregado, por un instante estuvo a punto de zafarse la joya, dejarla sobre el plato manchado con la rueda oscura goteada de la taza, y salir corriendo; pero algo siniestramente egoísta y tardíamente vital la contuvo. Mañana lo llevaré a valuar, prometió con altivez. Acompáñame a mi coche. El firmó la cuenta y caminaron juntos media cuadra observando las cuarteaduras del concreto hasta la portezuela que el chofer abrió comedidamente.

# Una mujer altruista

para
Luis Mario Schneider

¿Cómo imaginarlo? No soy adivina y a los diez minutos de llegar, la madre se presentó en mi recámara con el informe triunfal de que la criatura se había dormido. Me pareció que las cosas pintaban bien y le pedí que, como su niña estaba educadita, apurara los quehaceres domésticos pues me gusta el orden. Soy nerviosa ¿sabe usted? amante de rituales cotidianos que me permitan moverme por la vida sin tropiezos. Pero no quiero salirme de cauce sino anudarle el hilo de las anécdotas y su desarrollo exacto, y apenas entiendo la trampa que se abrió envolviéndome en una pesadilla.

Tan pronto me anunciaron ese sueño redentor en el cual empezaba a confiar, escuché llantos estridentes nunca salidos de las gargantas humanas. Me levanté de mi asiento creyendo que la criatura se había asustado por despertar en un cuarto desconocido o que se había roto una mano. Pensé en tal clase de fractura luego que la vi casi instantáneamente caminar hacia mí tambaleándose sobre sus pies, con la boca torcida.

Aún hablaba poco y no entendí lo que ocurría. La cargué en brazos y su madre me previno explicándome que siempre lloraba con la misma fuerza descomunal y que su temple auguraba a una futura cantante operística: «Cuando chilla, la oigo en cualquier parte donde me encuentro», confesó satisfecha por las ventajas prácticas de esos ímpetus.

Lo malo era que no sólo ella la oía. También la oían los demás. De una tienda cercana mandaron decirnos —ahora sé que con la amabilidad resignada de esta pueblo acostumbrado a padecer— que nunca habían conocido personas cuyo llanto traspasara paredes y retumbara en los sesos de quienes estuvieran junto. Ese llanto, que hoy rememoro empavorecida, rebotaba contra los muros de la manzana entera veinte veces mañana y tarde, plañido motivado a la menor provocación, causa suficiente para que yo pusiera el grito en el cielo; sin embargo, me lo impedían varias cosas. Como usted no ignora, las mujeres modernas tenemos pocòs hijos. Parir uno fue suficiente para mí. Y me entusiasmaba la idea de que una niña de tres años viviera con nosotros bajo mis alas protectoras. Me propuse pagarle estudios, alimentos, ropa. ¡Sí! ¡Ya sé, usted se encarga de hacérmelo notar, que como quinceañera impaciente invento idilios apresurados! Existían también circunstancias de índole moral. La madre trabajaba en la residencia de una amiga mía muy rica, y la sonsaqué en consideración a sus artes culinarias; además, tratar cariñosamente a la niña robustecía mi imagen como presidenta de la Sociedad Protectora Infantil y justificaba el premio que acababan de otorgarme.

A José le crispaba los nervios la lloradera. Después de soportarla intermitentemente setenta y dos horas, con el ceño fruncido exigió remedio inmediato. Procuré calmarlo asegurando que la cosa mejoraría. Pero no mejoró. La bramadora se empeñó en arruinarme. Durante diez meses no tuve celebración en la que no hiciera acto de presencia. Lo mismo al medio día que a las doce de la noche, desplegaba el catálogo de sus gracias y monadas. Los invitados aparentaban indiferencia, quizá para no mortificarme y, supondrá usted que procurábamos despacharla lejos de los adultos, aunque fuera al cuarto de mi hijo; pero montaba en cólera y ponía a los concurrentes con los pelos de punta ante la potencia de su furia. Si lográbamos internarla en la cocina y yo simulaba tranquilidad, inmediatamente impedía mi dicha. Llamaba vociferantemente a su madre, cada vez que ésta iba al comedor llevando una charola. Yo perdía el gusto por las alcachofas suavemente cocidas y aderezadas en salsa de alcaparras. Con manos tímidas cortaba las hojitas que me sabían a trapo.

Nuestras comidas cotidianas eran infames. Nos disponíamos a probar la sopa y la párvula robacucharas improvisaba una batería contra la duela o bailaba alrededor de la mesa el Bolero de Ravel con enorme entusiasmo. Esperaba que la madre pusiera correctivos, soportaba que mi marido me lanzara ojos de cuchillo, que mi hijo pidiera permiso para integrarse a la danza y se enfurruñara con nuestras negativas. La madre servía platillo tras platillo despreocupada de la bulla armada por su retoño. Al cabo, Pepe ordenaba su café en el despacho y yo corría a encerrarme bajo llave sin encontrar los apropiados diques que detuvieran tales maldades.

Desde luego decidí cortar de cuajo, liquidarle a la madre su última quincena y agradecerle los servicios que me había prestado mediante una jugosa gratificación para que no sufriera apremios mientras se colocaba en otra parte. Cinco minutos después advertí que fraguaba ingenuamente tan edificantes propósitos. Elegí ropa interior y bata de baño antes de mi regaderazo diario. El agua me tonificó, redondeé un largo discurso que, no obstante su gentileza, implicaba reproches sobre la conducta abusiva por partida doble. Al dejar el baño hallé a la criatura subida dentro de unos zapatos que había estrenado la semana anterior. Los tacones tronaban como nueces aporreadas con un martillo. Casi sufrí ataques; pero al segundo de que rescaté mi maltrecho calzado, la niña me miró interrogante y soltó una tierna boruca. Me ablandé y le dije que buscara a su madre ocupada en limpiar la sala. Se fue con pasitos trastabillantes y, entonces, una llamada abatió mi menguada fortaleza. Como la publicidad de mi premio permanecía en el aire, una periodista internacional me entrevistó grabadora en mano. Vino puntual y publicó varios reportajes extensos acompañados de fotografías. Encarecían mi ejemplo de mujer que predica con el ejemplo, mi filantrópica labor en pro de los desprotegidos, mi dedicación a una hija adoptiva, retratada en el mismo sofá, mostrando la sonrisa inocente de sus dientes de leche. Como consecuencia recibí una catarata de cartas y felicitaciones. Algunos amigos nos reprocharon no haberlos puesto al corriente de esos trascendentes planes que agrandaban nuestra familia. Y todavía ignoro por qué los dejé en el error y postergué mi determinación.

La criatura supo que mantenía sus reales. Redobló su acoso. Sobre mi mesita de noche apareció un imborrable mural de rayos amarillos. Apenas me atrevía a prender mi computadora, se acercaba sin respeto a los avances tecnológicos ni a las raquíticas conclusiones que intentaban resumir los altos índices de niños maltratados en nuestro país, y con sus deditos tiesos y vigorosos apretaba las teclas preguntando «¿qué teto?». Le respondía que eso era un aparato muy delicado prohibido a los menores no parlantes. Ajena a las alusiones, continuaba con aquello de«¿qué teto?» y la pantalla se cubría de signos ininteligibles y se escuchaban sonidos extraños. Al borde del colapso histérico, la remitía con su madre, cosa que la obligaba a soltar sus consabidos aullidos y yo reculaba frente a un enemigo invencible.

Resulta larga la lista de atropellos. Con bríos juveniles, la rugidora encontraba nuevas torturas que colmaban su sadismo. Descubrió que los vasos se rompían. En una semana azotó nueve ante la aprobación de su beatífica progenitora que impávida tiraba los pedazos a la basura. Resucité una tacita de plástico, guardada en algún cajón, donde mi hijo bebió sus primeros jugos matutinos; pero ninguna de las dos sospechó que esa medida desesperada escondía un secreto disgusto por mis vasos hechos trizas. Así que la nena persiguió placeres más estimulantes. Dio con la gaveta que guarda los platones, cogió tres o cuatro de los extendidos para hornear macarrones o de los hondos para revolver ensaladas y los arrojó desde su modesta estatura. Cuando el estruendo me sobresaltó, corrí apresurada y la pesqué aplaudiéndose a sí misma juntando sus manitas en ademán festivo. No reclamé. Amedrentada con la perspectiva de sus funciones epileptoídes, me hice una infusión de tila y puse una chapa en el lugar del crimen.

Admitirá usted que cuanto le he referido parece tortura china, y sólo llevo una parte. La incontrolable menguaba mis posesiones con atroz saña. Hubo ocasión en que la sorprendí mordisqueando el respaldo de una silla Chippendale mexicano que mi abuela me legó en su testamento. La madre calmó mi pasmo con la referencia de que a su niña la llamaban pájaro carpintero por un indomable apego a picotear madera. Y cuando le dije lo que el mueble valdría en la tienda de cualquier anticuario, repuso que mandara barnizarlo y descontara la cuenta de su sueldo y paró la trompa desdeñosamente.

Advierta usted por mi apariencia que soy una de esas mujeres dispuestas a tomar su arreglo personal como una satisfacción. Entro a mi vestidor y ni mi hijo ni mi marido se atreven a molestarme durante los tres cuartos de hora que necesito; pero la imparable quebrantó la regla irrumpiendo con un vestidito azul de cuello redondo y corbata de pintor que le compré en Suburbia. Me miró como si el mundo no escondiera secretos, puso cara de infinito placer, se hizo caca en los calzones y perfumó mi recinto. Le grité a su madre, abrí ventanas y temblorosa me dibujé arriba del párpado una raya más chueca que las Cumbres de Maltrata. A la mañana siguiente, el monstruo retornó. Observaba mis movimientos al aplicarme el maquillaje, perfilarme el contorno de los labios, pintarme las pestañas; luego, extrajo sigilosamente de un estuche mi anillo de compromiso. Sus destellos la hipnotizaron, se los arrimó a la punta de la nariz y con un bizco preguntó: «¿Qué teto?». De un salto le arrebaté la joya y, al verse derrotada, perdió el resuello y estuvo sin resuello en tanto su madre le palmeaba la espalda demostrándome infinito desdén por mi falta de caridad cristiana.

Nos gusta dormir hasta las ocho; sin embargo, nuestra huésped se adjudicó la obligación de volvernos madrugadores. Dos semanas seguidas nos despertó con sus desplantes a las cinco y media. Caducó la costumbre gracias a las protestas generalizadas; pero un amanecer abandoné mi profundo sueño con palpitaciones cardiacas. Al incorporarme sobresaltada cayeron de mi cabeza unos guantes de box y vi la cama tapizada de juguetes que la presurosa había acarreado desde la recámara de mi hijo. Furibundo, mi marido se levantó de nuestro colchón convertido en almacén y sin dirigirme la palabra salió dando un portazo. Amante de los arrebatos, la perversa lo festejó con sus aplausos característicos.

El tiempo transcurría, ella fincaba su dominio y mi estoicismo flaqueaba. Siempre supe que mi hijo, dos años mayor, corría peligro viviendo bajo el mismo techo que aquel demonio sin rabo y cuernos dispuesto a escupirle, rasguñarlo y sacarle la lengua con loco afán. Mónica, nuestra gata siamesa, compartía la misma suerte víctima de enérgicos jalones de cola y orejas, hasta que la pobre se disimulaba entre los faldones de los asientos y de vez en cuando revelaba precavida el brillo de sus dos canicas fosforescentes. Determiné no dejarlos solos al desconfiar de la justicia materna ciega y sorda. Salía menos, y si los compromisos me alejaban, sentía prisa por regresar segura de encontrarme sorpresas desagradables; como la que tuve una tarde que la niña alborotó al vecindario amotinado en el portón pidiendo que alguien la bajara de la azotea sobre cuyo filo se bamboleaba imitando a un alambrista.

Puesto que uno viene a contarle intimidades, doctor, debo aclararle que mi marido y yo gozamos unas saludables relaciones sexuales. En el desayuno, intercambiamos frases pícaras y estamos ansiosos de que el camión de la escuela recoja a nuestro hijo para disfrutar la soledad. Alguna vez preparábamos los preliminares, mordiditas cariñosas, insinuaciones estimulantes, cuando la criatura nos interrumpió golpeando la puerta con su puñito cerrado. Perdí la inspiración y Pepe dio un respingo rumbo al pasillo, desahogo que ella festejó según su costumbre sin percatarse de que me mordía las uñas y me sangraba los padrastros.

Inútil referirle a usted las ocasiones en que se enfermó de anginas o de la panza; si no era una cosa, era la otra. Y la madre no ataba ni desataba; así que me encargué de tomarle temperatura, prescribirle disprinas disueltas en agua o remedios parecidos. Y a pesar de esos contratiempos, crecía gorda, blanca, rozagante, con una inquietud digna de mejor causa que perturbar mi tranquilidad. Cambiaba programas de la lavadora eléctrica o la echaba a andar si no estaba funcionando. Paraba la secadora cuarenta y cinco veces seguidas. Abría las llaves de agua y anegaba las piezas y, si procurábamos impedírselo, bastaban sus berridos espeluznantes para desarmarnos. La televisión la fascinaba, sobre todo los anuncios; pero el aparato casi sucumbió bajo el cañoneo de derechazos que la cariñosa infanta le prodigaba si los héroes telenoveleros caían de su gracia.

Sin embargo, nada me enfurecía tanto como su sana costumbre de orinarse por doquier. Podría repetirle a usted cada movimiento de la escena: mirada estrábica, barbilla contra el cuello, piernas abiertas. Dejaba escapar un suspiro de infinita satisfacción rumbo a las alturas y una Laguna de Cempoala rumbo al piso encerado. En vano pedí a la madre que le pusiera pañales y que estuviera pendiente para evitar semejantes estropicios. Siempre me argumentaba: «Avisa, sólo que usted no la entiende».

Un martes le encargué algún mandado. La pequeña se quedó en casa y, como había decidido evitarla, me refundí en la habitación más alejada. Pasaron treinta minutos sin ruidos, llantos, borucas, trastos quebrados o aparatos desbordándose. Un silencio pacífico y acariciador invadía la casa. Respiré profundamente, hice de tripas corazón y decidí averiguar los orígenes de esa paz inaudita y reconfortante. Abandoné cautelosa mi escondite y en el vestíbulo vi el zaguán abierto de par en par. Por un instante creí que sería maravilloso dejar a la diminuta perdida en el espacio exterior; pero mi conciencia me trajo a la mente las revelaciones de coches y camiones que corren a toda prisa por esta calle antes intransitada. Recordé, claro, mi premio como protectora de infantes y venciendo instintos básicos di con la despiadada a unas cuantas cuadras, desnuda desde la cintura, friolenta, y golpeando una reja con su puñito. Se alegró al reconocerme y me siguió.

Le explicaré, doctor, que a lo largo de los meses transcurridos se había adueñado de mis pensamientos. Pospuse conferencias, visitas a orfelinatos y asilos, olvidé la consulta del pediatra que le aplicaba a mi hijo una serie de vacunas. Ni siquiera el interés de que las Damas Publicistas se fijaran en mis benefactores méritos anuales motivaba que asistiera a sus reuniones. La criatura era una obsesión. Los ativanes de veinticinco miligramos que usted me recetó no calmaban mis sentidos, siempre alertas para evitar desgraciados contratiempos. Y de pronto, sin preámbulos, parada frente a mí secándose con el mandil, la madre me dijo que lamentaba mucho abandonarme a fin de mes porque una antigua patrona le ofrecía más sueldo: «Pensé dejarle a su hija adoptiva, pero no me animo», concluyó.

La comprendí plenamente, resultaba imposible que una madre se desprendiera de sus vástagos, que los abandonara así sin más. No eran perritos callejeros ni nada por el estilo. Y para terminar le aconsejé que no esperara tanto, que descansara dos semanas antes de emplearse, que empacara sus pertenencias sin pérdida de tiempo. Y cuando partió con la niña saltando por delante, mi espíritu se llenó de gozo como la Magnífica, encendí luces y me repantingué a fumar un cigarrillo. Mónica compartía mi beneplácito. Apoyada sobre sus patas traseras se estiraba ronroneando. Al cabo de unas chupadas lentas y sensuales, un inteligente chispazo iluminó mi cerebro: me inscribiría en la Sociedad Protectora de Animales y aceptaría sin cuestionar la sabia frase que reza: «Los niños propios o disecados», dicha por una tía que murió rodeada de nietos en una vejez próspera.

# Un incidente navideño

para
Joel Hernández

Leonor aprovechaba bien su mañana. Fue a su masaje corporal. La masajista había estado un poco locuaz y parlanchina mientras le embarraba cremas y lociones; pero ella se limitó a contestarle con monosílabos demostrando que no deseaba perder aquellos cincuenta minutos de tranquilidad cotidiana. Al fin pudo evadirse mediante esfuerzos de voluntad y la cháchara incesante dejó de molestarla. Cuando el timbre anunció el término de la sesión, se vistió cuidadosamente y se dispuso a enfrentar los festejos del día y sus propias obligaciones domésticas. Ese 24 de diciembre cenarían en casa de su suegra, lo cual resultaba un descanso. Leonor sólo iba a llevar los postres; pero no era cosa de presentarse sin regalos. Condujo su automóvil rumbo a un bazar de antigüedades. Beatriz Alcocer, dueña de El Rincón, le enseñaba primero que a nadie cosas excelentes, hallazgos reservados para clientes especiales. Arriba de una cómoda le guardaba un tríptico del siglo XVIII convertido en biombo. Sin tener firma lo atribuían a José de Ibarra. Leonor admiró la dulce factura del maestro y, aunque no podía sostener o contravenir la autenticidad que le aseguraban porque sus clases en la Universidad Iberoamericana no le servían para tanto, supo que la adquisición valía la pena de cualquier modo y decidió autorregalárselo. En otra tienda del mismo rumbo dejó dos hermosos cuadros que un pintor amigo de la familia le había obsequiado con una dedicatoria muy cálida. Luego de dudar largo rato, eligió unos marcos engañosamente rústicos; además, dos cisnes y un juego de café de talavera poblana y tres cajitas de marquetería que fueron envueltos en papel dorado con listones verde y rojo. Firmó un cheque por una cantidad fuerte reprochándose sus eternos derroches y por milésima vez, a lo largo de sus cuatro años de casada, se propuso enmendarse; sin embargo unas cuantas cuadras después el asunto ocupó su pequeño lugar en el basurero de los buenos propósitos.

Tenía un hijo de dos años, un marido generoso, una casa espléndida con gran biblioteca. Como mexicana de la vieja escuela, alhajas costosas y servicios de mesa impecables. Repasó la lista de sus bienes en este mundo agradecida a la suerte que le deparaba tales venturas. En el espejo retrovisor observó sus ojos risueños algo afeados. Una alergia al sol le sacaba manchas al principio de los pómulos, así es que se propuso visitar al dermatólogo apenas pasaran esas fechas. Comió con una amiga en el Passy y más o menos a las cinco sonó el claxon frente a su casa. Con cara compungida, la recamarera abrió el zaguán. Leonor guardó el coche en el garage en tanto su corazón de madre daba un vuelco y al bajarse preguntó:

—¿Está contigo Santiago? —No tuvo que esperar respuesta. Con su mameluco amarillo y con un pollito bordado sobre la pechera, el bebé apareció en el vano de la entrada estirando los brazos para que lo cargaran.

—¿Qué te sucede, Paula? —dijo Leonor volviéndose a su sirvienta.

—Señora, a Margarita le ocurrió un accidente...

—¿Cómo...?

—Se le murió Federico.

Margarita, la nana de Santiago, cuidaba a un hijo ajeno y descuidaba al propio. Era madre de una criatura también de dos años a quien encomendaba con su abuela anciana para trabajar.

—¿De qué murió el niño?

—Las personas que nos avisaron dijeron que se había ahogado.

Leonor sintió temblores súbitos. Jamás lloraba, la vida le parecía tan amable. Pero las lágrimas se le desbordaron por las mejillas. Asustado, Santiago demostraba su inquietud primero haciendo pucheros y luego prorrumpiendo en gritos ensordecedores.

—¡Cálmese, señora! Puso nervioso a Santiago y usted puede enfermarse. ¿Quiere que le traiga un te y unas pastillas? —propuso Paula.

—No, gracias. Mejor busca a Margarita, dile que venga. Necesito ayudarla de algún modo... —procuraba controlarse tomando el dominio de la situación y tranquilizaba a su hijo dándole palmaditas en la espalda.

Un rato más tarde vino Margarita envuelta en un rebozo y contó lo sucedido. Tenía la cara hinchada, las trenzas sueltas y profundas ojeras.

—Mi abuela se distrajo, Federico se acercó al estanque de los patos, quiso sacar una pelota y cayó dentro... —luego su pesadumbre se convirtió en desolación, movía la cabeza como péndulo y preguntaba: —¿Por qué me pasó ésto? ¿Por qué a mí, Dios mío?

Santiago se retorcía angustiado, hasta entonces no había percibido la desgracia en torno suyo. Leonor lo dejó en brazos de Paula para ordenar:

—Llévatelo y haz que se duerma. Enseguida estrechó contra sí solidariamente a Margarita intentando consolar su cuerpo convulsionado por los sollozos.

—Permíteme darte algún dinero. Toma lo que traigo en la bolsa —dijo. Abrió el puño de Margarita apretado por la angustia y depositó en la palma unos billetes de a cincuenta pesos—. Bebe tequila. Vamos a servírtelo, —añadió y sin quererlo, al escucharse juzgó su actitud propia de una persona muy liberal con el servicio, quizá demasiado impulsiva y cariñosa; pero empujó el hombro de su criada hacia la cocina.

Margarita bebió de un trago la copa y pareció tranquilizarse momentáneamente. En silencio atisbaba el fondo de la copa tequilera, sorbiendo a intervalos las lágrimas que le escurrían por la nariz. Leonor la miraba sin atreverse a pronunciar palabra. Mientras, la incomodidad comenzó a crecer, parecía un globo que se inflara al tamaño del techo. Margarita lo hizo estallar con voz hueca:

—Gracias, señora. Me voy para quedarme con mi muchachito al menos esta noche. Dejó la copa en el fregadero y se fue.

Leonor sintió que esa última frase escondía un reproche. Tan pronto estuvo sola quiso comprobar que Santiago dormía sano y salvo con la respiración acompasada. Subió a la recámara. En ese momento Paula se despegaba de la cuna caminando con el mismo cuidado que pondría si el piso estuviera cubierto de cascarones. Se convirtió en estatua para evitar cualquier ruido: Santiago se había cambiado de postura. Con las manos a cada lado de su cabeza morena y redonda acentuada por un fleco castaño parecía un muñeco tierno y calientito. A pesar de que se debía a problemas respiratorios, su boquita entreabierta le daba un aspecto delicioso. Leonor se acercó, con un ademán le dijo a Paula que se fuera y estuvo absorta hasta que los pasos de su marido interrumpieron la contemplación. Entonces abandonó calladamente la pieza.

—¿Es cierto lo que me dijo Paula? —preguntó Emilio perplejo.

—No hables tan alto —interrumpió Leonor enérgica y contraponiendo una actitud con otra, volvió a llorar. Por algún motivo se creía culpable y creía que sufrir la exoneraba de un futuro y merecido castigo.

—¿Quieres ir al velorio a pesar de todos los compromisos que tenemos? —volvió a preguntar Emilio mientras le destapaba la oreja izquierda arrimándole el cabello hacia atrás como si buscara ser escuchado con claridad.

—¿Podríamos? —y los ojos ávidos de Leonor pidieron innecesariamente un permiso.

A Emilio le parecía grosero presentarse con su chaqueta de *cashmere* y su corbata de Christian Dior con que había recibido las felicitaciones y los brindis de clientes y amigos en la oficina. Se quitó mancuernillas y anillo para guardarlos en la caja de plata que usaba como estuche. A cambio vistió un grueso chaquetón azul marino y pantalones de mezclilla semiarrumbados en el ropero. Se veía como disfrazado.

La amabilidad de los señores conmovió a Margarita que abandonó el rincón donde de alguna manera se amparaba.

—Siéntese usted, por favor... —y al llevar a buen término ese acto de cortesía se le quebraron las frases y sufrió el asalto de nuevas desesperaciones.

A los treinta años cumplidos Leonor desconocía la agresividad de la miseria. Esa noche tropezó con ella. Cohibida, vislumbró un cuarto lleno de sombras al centro del cual sobre una mesa yacía un pequeño bulto envuelto en una colcha blanca tejida a mano. Lo alumbraban dos veladoras trémulas, un cirio parpadeante afianzado en una lata llena de tierra y un minúsculo arbolito navideño con algunos focos rojos. En una hilera llena de sillas y cajones puestos contra la pared se sentaban diez o doce mujeres estáticas tapadas con sus chales negros. Un coro de ánimas en pena acostumbrado a la tragedia.

Detrás de Leonor, sin saber en qué ocuparse, Emilio miraba la punta de sus pies. Al cabo de unos instantes sacó dinero de su cartera:

—Por si te hace falta, Margarita. En estos casos conviene contar con algo —dijo como si hubiera vivido en carne propia situaciones semejantes.

Hacia una esquina había una cama matrimonial desvencijada. Alguien dormía allí tapado hasta arriba. En lo alto de un armario se hacinaban las pertenencias del niño muerto. Leonor identificó una cubeta y una pala que ella le había regalado la Navidad pasada, un carro de bomberos misteriosamente desaparecido del cesto de juguetes de Santiago y unos zapatitos manchados que consideró inservibles para su hijo y se los dio a Margarita para el suyo. Al reconocerlos rompió a llorar otra vez, despreocupada de que los testigos silentes recibieran sus desahogos con una incrédula dureza colmada de reservas.

Poco a poco se sosegó y comenzó a percatarse de que a unas cuantas cuadras de su propia casa, entre esos muros, habitaba la promiscuidad, el olor a mugre y la degradación. Emilio también debió advertirlo porque casi al instante le susurró que ya habían soportado aquel penoso asunto más de la cuenta. Se inclinó hacia su mujer y por lo bajo la instó a retirarse recordándole que los esperaban para cenar.

Cuando cruzaron el umbral, el aire los reconfortó. Respiraron hondo y caminaron abrazados. El manto nocturno cubría todas las construcciones del vecindario.

# El niño y los gansos

Estás parada frente al Parque México, cerca del estanque a donde tu abuela te llevaba de chica para alimentar los patos. Una vez te picaron los gansos. Tu abuela te protegió tapándote con su cuerpo. Ahora, casi las seis de la tarde, el sol se refleja sobre el cofre de tu auto y forma una estrella luminosa en el metal pulido y encerado. Abres la ventanilla y recargas la barba contra el borde mientras observas a esos animales graznadores y torpes. Te dejas fascinar por unas imágenes sin interés especial, pasarían inadvertidas ante otros ojos que no fueran los tuyos. De pronto te descubre uno de los niños que están cerca. Se vuelve a ti deseoso de conversar. Adivinas que justamente por la posibilidad de aquel encuentro detuviste el coche. Lo escuchas ansiosa, pero a pesar de tus increíbles esfuerzos se te olvidan las cosas tan pronto como las dice. Sólo permanecen en tu memoria dos nombres: Kafka y Gide. Nombres que escuchas con claridad, asombrada de que criaturas tan pequeñas mencionen a escritores importantes. Cuando te invitan a intervenir en sus juegos, aceptas encantada y los acompañas caminando hasta su casa. Te enseñan un caserón blanco un poco despintado, con adornos de piedra roja en la fachada y rejas coloniales. Ese tipo de construcción que se popularizó hace cuarenta años. Las calles de la ciudad se inundaron de construcciones parecidas. Piensas en tu propia casa. Miras el interior sombrío, anticuado el mobiliario y una sutil capa de polvo inundándolo todo, cada objeto, los tapices, las alfombras. Pasas a través de las habitaciones separadas por arquerías. Los niños te conducen a la sala y con gran formalidad contestan tus preguntas. Aseguran que son hermanos y huérfanos. Todos son varones, no están muy limpios, huelen mal y tienen el mismo pelo castaño lacio y en desorden. Sólo el más pequeño es rubio. Su cabello ondulado y sus facciones conciertan con unos ojos azules de limpidez profunda. Sus mejillas coloradas le dan el aspecto de esos rostros con que los publicistas anuncian gelatinas o mermeladas. Entre los demás, precisamente con ese niño te entiendes inmediatamente. Sonriendo responde tus interrogatorios; sin embargo, cuando te interesa averiguar cosas tan triviales como el año que cursa en la escuela o alguna otra tontería, busca evasivas amables a juzgar por su tono y su sonrisa. Notas algo importante que se te escapaba sin causa: el niño viste pantalón corto, medias de lana a cuadros hasta las rodillas, y lleva unos pesados aparatos ortopédicos porque es inválido. Te extraña advertirlo hasta el momento en que lo ves sentado en un sillón y con las piernas colgantes sin tocar el suelo.

Te da una lástima inmensa. Tu alma de madre fallida se enternece. Pones una mano cariñosa sobre aquella cabeza de cabello ondulado, y te aproximas para verla con atención. El niño no se muestra sorprendido o incómodo con tus demostraciones de afecto. Permanece impasible, sin inmutar su sonrisa. De pronto te cohibes y deseas irte, aunque prometes volver. El niño acepta tu retorno como cosa natural. Ni por un momento pone en duda tu regreso; pero no dice nada ni articula una sola sílaba. Reparas en que sus acciones se efectúan lentamente y te quedas. El ritual de una comida se inicia con una sopa humeante y espesa. Sopa de habas o de lentejas, deduces por el color. No la pruebas. Nadie prueba bocado aunque los niños varias veces se llevan los cubiertos a la boca. Tú no lo intentas siquiera. Observas al pequeño que preside la mesa sentado en una vitrina. Parece Niño Dios dentro de un nicho. Lo rodean copas, vasos, licoreras, y un espejo a las espaldas multiplica los cristales, los convierte en un caleidoscopio de colores. Nadie habla, sólo tú formulas en voz alta otra pregunta torpe: ¿Cómo puede ser tan inteligente y encantador un niño tan pequeño?, dices. Otro hermano, con un timbre dulcísimo de flauta angélica, con una sonrisa igual de inmutable que la del pequeño, te contesta: —Ya no es demasiado joven. Cumplió treinta años—. Y como si al saberlo te cambiara el mundo, tales palabras, las primeras que en realidad se pronuncian durante ese tiempo sin tiempo, son un buche de agua en pleno rostro. Repites:

treinta años, treinta años, y recalcas la cifra con monotonía imbécil. El pequeño sonríe. Sientes un dolor agudo sobre el pecho, un peso inmenso. Sales de la casa, vagas junto al estanque de los patos. Recuerdas una tarde en que de chica alimentabas la glotonería de unos animales que graznando se desplazaban oscilantes, una tarde en que vivías con una ingenuidad sin sombras. Permaneces allí mucho rato. Te duele la espalda y crees que se te vuelve plomo el brazo izquierdo. Respiras con dificultad y, casi sin darte cuenta, te hallas nuevamente frente al caserón descuidado de reja negra. Comprendes entonces que esa casa es tu casa y que el niño rubio y sonriente, el pequeño inválido del nicho eres tú misma.

## *Don't try this at home*

Homenaje a Inés Arredondo

Con el control remoto cambiabas canales frente al televisor. De pronto la pantalla se oscureció y volvió a iluminarse sobre la brillosa nariz y los brillosos cachetes del cantante Barry White que vestido de lila ponderaba sus experiencias en un coro eclesiástico o encarecía los beneficios que le habían traído a su interpretación del *soul*. También dijo que su madre era una reina y por eso vivía con él, su mujer y sus siete hijos, en una mansión de treinta cuartos. El programa se llamaba *The rich and famous,* dedicado a quienes logran fama y fortuna en una ciudad con complejo de récord Guiness. Cosa comprobable en la siguiente entrevista. Seguido por la cámara, el sheik Mahomed Al Fass dejaba su lujosísimo departamento de la 5a. Avenida y abordaba una limusina que sin dilación lo transportaba suavemente hasta las puertas de la joyería Cartier. Los dependientes doblados como servilletas lo recibían con profundas caravanas. El sheik iba a comprarle aderezos de esmeraldas a su hijita. La niña de cabellos negros y ondulados se veía extravagante, con aretes que le llegaban al pecho, aplaudiendo ante una hilera de estuches rojos. Festejaba cada alhaja que su padre le ponía encima en un juego divertido que realmente no acababa de entender.

Colocaste dos almohadas tras tus espaldas y recostada en la cama con las piernas extendidas, de vez en cuando y casi sin darte cuenta, les echabas un vistazo. Siempre te sentiste orgullosa de tus piernas y has logrado conservarlas a fuerza de ejercicios, cremas y jabones contra la celulitis; pero descorazonada notaste un pliegue en la rodilla. No lo tenías y su aparición subrepticia trajo consigo una tristeza honda y desolada; además la tarde anterior te miraste de cuerpo entero y en paños menores bajo las luces neón que iluminaban un vestidor de *Lord & Taylor*. A últimas fechas rehuyes esas confrontaciones sin paliativos. Los espejos se vuelven unos testigos fríos y acusadores. Notaste que tus senos no son ya tan firmes y que el resto de tu cuerpo empieza a revelar un implacable deterioro que tanto duele a las mujeres atractivas cuando envejecen. Quizá por eso Enrique ya no muestra grandes entusiasmos. Pasaron los primeros ardores matrimoniales y veinte años después duermen abrazados, hermanos inocentes y tiernos que olvidaron por qué Adán y Eva salieron del Paraíso. Quizá eso te obligaba a creer que no participabas en la fiesta de la vida y tenías la sensación de contemplar las viandas tras los aparadores sin poder comértelas.

Anoche experimentaste lo mismo paseando sin rumbo. Tropezaste con un grupo de transeúntes aglomerados frente a *Radio City Music Hall.* Había llegado impulsivamente un infinito camión de mudanzas, a los costados dos lonas con letreros idénticos: *Don't try this at home.* Sin duda los neoyorkinos están locos; pero no al grado de intentar en sus casas lo que aquellas gentes se proponían. Del camión salió una locutora, cuyo nombre no recuerdas aunque la has visto en tus disipaciones televisivas, que animaba febril a los reunidos para interesarlos en un espectáculo gratuito. Las toneladas del apabullante vehículo pasarían sobre los ochenta kilos de un hombre acostado en el pavimento. Y antes de tenderse boca arriba, con cachucha azul y chamarra roja, el desventurado se dejaba retratar en medio de reflectores.

La multitud se aglomeraba por segundos. Subida en una barda del edificio opuesto atendiste los preparativos. Tu interés no era mucho; pero hacía calor y no pensabas seguir caminando. Esperaste buen rato el hecho maravilloso. La locutora hablaba sin parar con su excitante voz de fumadora que al expander el humo por los pulmones evocara voluptuosidades ignotas. Una rubia platino movió el camión con aterrorizador ruido de frenos, falsa alarma para aumentar las expectativas. Te puso nerviosa la idea de que semejante armatoste transformara en papilla la humanidad del sonriente individuo expuesto a las miradas ajenas con la resignación incosciente de los changos del zoológico. No parecía molestarle ganarse la vida con ese trabajo. Oíste comentarios y, aunque algunos espectadores se preguntaban cuál sería el truco de quienes organizaban aquello, la espera resultó insoportable. Te hubiera encantado la imprevista presencia de un mago que mediante palabras cabalísticas y un trapo rojo esfumara locutora, rubia, camión y víctima y los pusiera a volar por los aires más allá de las Torres Gemelas hacia el mar abierto, frente a los atónitos curiosos reunidos allí por carecer de mejores entretenimientos.

Durante media hora sólo se habían oído frenazos atronadores a lapsos intermitentes y, sin resistir la absurda demostración ni importarte su término feliz o desdichado, emprendiste el regreso a tu hotel; sin embargo, sabías que Enrique aún tardaría y que con el televisor prendido cenarías una ensalada en el cuarto. Te siguieron unos pasos cansados que apuraron su ritmo cuando apuraste el tuyo. Al voltear la cabeza comprobaste que era un muchacho de apenas veintitrés o veinticuatro años, uno de tantos vagabundos que pululan por Nueva York. Momentos antes se había parado junto a ti. La blancura de sus dientes contrastaba con su piel renegrida. De pronto un cuerpo pasó corriendo y alguien te gritó que agarraras bien tu bolsa. Fue muy rápido; pero aprovechaste la advertencia, burlaste al ladrón y reparaste en que tu perseguidor te había salvado. No se te ocurrió agradecérselo, gratificarlo o sonreírle al menos. Alargaste tus zancadas que encontraron eco en los chancleteos a tu espalda, hasta que reconociste frente a Central Park la entrada del hotel. Te reconfortaron el uniforme rojo y los botones dorados del portero a quien desde lejos saludaste con la mano. Guardó su distancia desdeñosamente. Te respondió inclinando la cabeza y empujó la puerta para esperarte. Subiste la escalinata con una agilidad pasmosa. Desde arriba observaste que el vagabundo se detenía ante el primer escalón, te miraba con sus ojos pestañudos y te perdía en el momento que entrabas. A la luz del farol descubriste que un pelo rizado de mulato cubría una cabeza torneada y te preguntaste si su madre también era una reina africana como la de Barry White.

Los cambios de clima tan frecuentes y esa terrible humedad que convertía en vapor a las personas y las cosas, volvían chocante Nueva York en el verano. Tu marido vino para entrevistarse con un jefe de compras de Bloomingdale's. Buscaba consolidar una importación de flores naturales y venderlas a la entrada del almacén envueltas artísticamente en papel picado de tonos vivos, con una tarjetita colgante diciendo ¡Viva México! Pidió que lo acompañaras y luego te dejaba sola el día entero. Lo aprovechabas recorriendo tiendas y museos con un calor sofocante. Incluso la mañana del domingo Enrique asistió en Albany a un desayuno para hombres solos, culminación de ajustes y contratos. No regresaría pronto. Creíste absurdo desperdiciar el tiempo oyendo esta vez las confesiones de Eddie Fischer que por miedo a ser rico y famoso se volvió drogadicto y, como castigo divino y biológico, perdió la voz y el respeto a sí mismo. Demostraba su arrepentimiento con una sonrisa de payaso triste y unos ojos muertos de pescado, consecuencia de varias operaciones plásticas poco afortunadas.

Resolviste salir en pos de una copa. Al escoger la misma puerta por la que habías entrado la noche anterior, casi tropezaste reconociendo al vagabundo en el lugar donde lo dejaste. Al verte musitó algo con un sonido silbante de serpiente. Desentendida, recorriste apresurada la escasísima distancia hacia el Café de la Paix. Elegiste una mesa que diera a la 6a. Avenida y procuraste distraerte curioseando la multitud que pasaba por allí con trajes estrafalarios, señal de una libertad más ostentosa que auténtica. El colmo fue un Sócrates, igualito a Peter Ustinov, enfrascado en conversaciones peripatéticas a la vera de su discípula japonesa: cabello negro lacio, lentecitos montados en la punta de la nariz, minifalda y atención reverente. Salvo tú, nadie se fijaba en el prójimo y a ninguno preocupaba ser parte del mismo género humano. Aburrida, dejaste tu martini y te internaste en el parque. Deseabas un domingo entre neoyorkinos típicos viviendo en el corazón del mundo. Te dirigiste hacia la calzada de los poetas, con sus bancas y sus árboles laterales. Una turista trepó como gamo la estatua de Robert Burns. Sentada en su regazo le echó los brazos al cuello y urgió a su novio para que desde un ángulo propicio enfocara una cámara. Se resbalaba de las nada acogedoras rodillas de bronce y su brazo no rodeaba el cuello de la idealizada cabeza de artista romántico, con los labios entreabiertos en el trance de la inspiración sublime. Sería una buena foto para presumir entre las amigas de Marion, Indiana. Sin presenciar el instante del ¡click! te encaminaste a otro lado.

La guía de turistas asegura que durante el verano hay conciertos al aire libre los domingos. No te extrañaron pues los distantes sones caribeños tras los cuales brotaban de la tierra puertorriqueños decididos a conmemorar una reunión anual. Se vendía chancho, plátanos fritos, brochetas de carne, arroz, piña colada y Coca-Cola. Y se compraban porciones enormes devoradas con entusiasmo. En un proscenio al fondo, una banda proclamaba que los asistentes eran emigrados de la segunda generación y los versos se repetían incansablemente al ritmo de salsa. Te repugnaron los barriles que tragaban platos y vasos sucios y desperdicios de comida. Cerca de uno hallaste al vagabundo. Sus facciones eran armoniosas, con esas cejas tupidas y ese cutis y esa boca joven, aunque sus pantalones que apenas le tapaban el sexo y parte de las nalgas y su desaliño general lo hacían parecer tan desvalido. No profirió palabra. Se aguantó quieto, esperando; pero diste media vuelta y retomaste el sendero.

Como caracoles con su casa a cuestas abundaban los sin hogar; sobre los hombros cobijas deshilachadas para tenderse una cama donde fuera. Algunos cloqueaban contra la grava sus tenis guangos; otros pepenaban grandes costales de latas para venderlas. Porque se vende cualquier cosa. Si algo no se encuentra en Nueva York es que no existe, afirma un anuncio publicitario muy conocido. A nadie admira por ejemplo una colección de perreras cuya mejor pieza tiene en el techo un demonio alado capaz de provocarle pesadillas al pobre can. La dichosa perrera no sería buena ni siquiera para un vagabundo hermoso y miserable.

En la ciudad todo es lo más del mundo, la mujer más vieja que murió a los ciento diecisiete años, la más gorda, la más alta, la más adinerada. O la más flaca, la más enana, la más pobre. Y con tal criterio debió extender su tienda un negro patas de araña sentado en el cesped, ponía al mejor postor sus últimas posesiones: unos guantes usados, dos cerraduras sin llave, una linterna. Faltaba el antifaz de los rateros hollywoodescos. Se hubiera creído que vendía sus instrumentos de trabajo y le dijera adiós a una vieja y amada profesión, como un torero que entregara los trastes. Pensaste que tardarían semanas, meses para encontrar clientes, y que ese hombre estaba allí sólo por no sentirse desocupado y agresivo como la mayor parte de la gente que tanto habla de triunfo y fracaso, y es grosera y se mantiene profundamente enojada por no ser Mr. Trump, dueño de rascacielos, ni su exmujer que diario cambia lentes de contacto a juego con el color de sus vestidos.

Sentada en una banca escuchaste un espontáneo cuarteto de jazz que tocaba entreteniendo al público dominguero, mientras otra muchacha oriental improvisaba una danza. Su única gracia consistía en simular los brinquitos de un grillo asustado. Jamás llegaría a Broadway. Percibiste una presencia cercana. Era tu vagabundo que esta vez te miraba morosa y obscenamente. Se detenía en tus piernas cruzadas, en tu falda de lino blanco que se había subido a medio muslo. Quisiste jalarla experimentando algo inexplicable. Procuraste hacerte la desentendida y poner tu atención en la bailarina que se contorsionaba y alzaba los brazos como si estuviera ahogándose. El mulato permaneció muy próximo. Desafiante, sacó una roja lengua, la pasó por sus labios y repitió el mismo gesto para que lo vieras. Procuraste fijarte en otra cosa; a pesar de tu disimulo te ruborizaste. Y enrojeciste cuando el mulato, que movía la cabeza al compás de la música, hizo con ambas manos círculos simulando acariciarte los senos que bajo la blusa de seda acusaban tu respiración anhelante. Decidiste enfrentarlo, intercambiar miradas, dejar que la imaginación cobrara fuerzas, entrar en el juego mudo, erótico y pervertido. Te mordiste los labios y como sorprendente respuesta al mulato le creció un bulto bajo el pantalón. Farfulló frases en un inglés martajado e incomprensible. Te estremeciste con un cosquilleo y luego con algo mojado y tibio. Quisiste levantarte, tu bolsa cayó al suelo y rodaron hasta los pies del mulato tu polvera de plata y algunas monedas brillantes al sol. Te agachaste para recogerlas. El se agachó también. Por un instante creíste que las tomaría y saldría corriendo. Te asombró que te las entregara con una mano grande y morena de largas uñas. Las aceptaste avergonzada, a punto de pedirle que guardara el dinero. Casi le rogaste que te acompañara; pero no te concebías a ti misma entrando a un cuchitril o soportando la cara del portero, guardián de los veinte pisos de soberbia del Plaza, viéndote llegar con un vagabundo. Dudaste. Le diste las gracias en español. Oprimiste tu bolsa y procuraste alejarte rumbo a tu cuarto dispuesta a cambiar canales con el control remoto. Entonces miraste la carne dura del mulato, su ombligo al través de la camisa hecha girones. Supiste que te perderías una aventura estimulante como el propio Nueva York y te quedaste parada mientras en la cara de tu enemigo comenzó a esbozarse una sonrisa lasciva y dulce.

# Entrevista con una leyenda

Caminas por la privada del edificio Vizcaya, de un estilo que se puso de moda en México a finales del siglo pasado, copia de construcciones francesas con sucesivos departamentos, cocheras, elevadores descompuestos y ventanas mirando a la calle trunca en una fuente despostillada. Los frecuentes temblores y acomodos de tierra que convulsionaron la colonia Roma rompieron a medias los cuadros trazados sobre el cemento. Sigues las instrucciones detalladas que te dio Olga. Descubres entreabierta la puerta blanca de un garage y a una mujer viendo en la televisión una película mexicana. Preguntas si allí vive Pita Amor. Responde afirmativamente con la cabeza. La está esperando, dice; pero en ese momento duerme. De todas maneras le avisará tu llegada y te ruega esperar mientras le pone sus joyas para que pueda recibirte. Entre tanto deberás sentarte en un sillón abullonado de terciopelo rojo que, aunque parece limpio, despide penetrantes olores a orines. Permaneces de pie en la incomodidad de aquel cuarto oscuro aunque son las once de la mañana. Decides buscar a Olga que pinta un Cristo incorporándose de su cruz en el departamento de junto, donde Felipe hace sus curaciones y hasta en las escaleras del portón hay gente sentada intentando encontrar silenciosamente una especie de arrobo místico. En un extremo de la pieza dejaron puesto un nacimiento, con sus figuritas de barro, su heno y su musgo, no obstante de que estamos a finales de enero, quizá para arrullar al niño el día dos del mes próximo. A través de un ventanal ves la sombra de Felipe, vestido de blanco y con un lienzo blanco, bajando por un caracol que lo comunica con su casa en la planta alta. No encuentras a Olga y casi inmediatamente regresas. La mujer, que se había vuelto a instalar frente a la tele, al verte se para y se dirige a la parte de atrás de ese único cuarto dividido por un medio muro que no tapa la piesera de la cama. Ya llegó la señora, informa. ¿Quién?, responde una voz soñolienta e imperativa. La señora que venía a visitarla. Que pase, vuelve a ordenar esa voz que de niña imitabas admirablemente en los recitales escolares. Caminas dos metros y la descubres enroscada sobre su estómago como una perrilla que necesitara calentarse. En el hueco de sus piernas, un montón de alhajas baratas, de colores, bisutería del mercado, algunas cositas de plata. Piensas en una niña vieja junto a sus juguetes. Se endereza un poco para verte. He venido, explicas, con el propósito de hacerle una entrevista literaria. Me gustaría hablar de su obra, de usted como escritora y dejar su vida personal a un lado. Acepto si me pagas, contesta insolentemente. La condición te desconcierta y ofreces tímida lo que traes en la cartera. ¿Doscientos? ¿doscientos pesos?, inquiere en un tono de incredulidad. Piensas que la suma le parece muy poca; luego adviertes que la encuentra estratosférica. Hubiera aceptado cincuenta. Dámelos y puedes entrevistarme. Ahora voy para allá. Con la cabeza te señala el otro espacio del cuarto. Dejas los billetes sobre una cómoda porque te avergüenza entregárselos. María insiste en que te sientes en el sofá pseudo Luis XV pero el asco te obliga a quedarte parada con un leve mareo. A los pocos segundos entra Olga extrañada de que como siempre tu puntualidad te hiciera anticiparte a la cita. Su presencia te ayuda a resistir la incomodidad creciente. Del brazo de María, Pita camina encorvada a pasitos inseguros de anciana o de bebé. Cubierta con una bata rayada negro y rosa, tiene sobre los hombros un pañolón de lana ruso con flores de colores y se ha puesto encima casi todas sus baratijas. Se acomoda en un sofá de dos plazas. Olga te pide que ocupes otro asiento del mismo juego al que le falta una pata, por lo cual debes recargarte hacia la derecha. A ella, a Olga, le queda la opción de un reposet destartalado. Pita espera que la maquillen como para sus apariciones televisivas. Casa redonda tenía de redonda soledad; el aire que la invadía era redonda armonía de irrespirable ansiedad, recitaba apoyándose en los acentos, fijando los avellanados ojos redondos en la pantalla. Boca de corazón, cabello corto y una anchoa retorcida sobre la frente, cara de muñeca que posaba para ser contemplada sin recato mientras por sus labios salían décimas aprendidas de memoria. Las mañanas eran noches. Las noches desvanecidas, las penas muy bien logradas, las dichas muy vividas. Cruzaba las piernas y movía las manos en las que entonces sólo había un anillo grande y lujoso y era uno de los mitos mexicanos. Recuerdas cuando la viste por primera vez a unos metros de distancia en una corrida de Silverio Pérez y Carlos Arruza, sentada en barrera de primera fila. Platicaba animadamente con sus amigos y arrastraba la fama de que se acostaría con el triunfador de la tarde. Tu papá te dijo que esa mujer tan segura de sí misma y quitada de la pena era una poeta célebre. Escribo con el jugo de mis venas; cavidades les abre mi tortura; por ellas se desborda la amargura, libertándose el alma de cadenas. Desde antes veías todos sus programas. Y desapareció lo que ocurría en el ruedo por admirar las pieles de su traje sastre negro y el matiz durazno de sus mejillas. ¿Todavía le gustan los toros? Únicamente cuando cuernan al torero, responde ahora. En aquel tiempo los artistas le pedían que posara para ellos. Juan Soriano la plasmó disfrazada de musa, con lira en la mano y corona de laurel; Antonio Peláez demoró la destreza de su lápiz en los contornos de unos brazos dispuestos al gozo; Raúl Anguiano le impuso una pose atrevida, piernas abiertas y la disposición desenfadada y frutal de las prostitutas. Diego Rivera insistió en varios acercamientos. Le abrió la mirada desmesuradamente ante interrogantes metafísicas que nadie atina a explicarse. La paró desnuda, apuntando con una vara, como las que usaban los maestros escolares, la sentencia incuestionable: Yo soy polvo, sobre un páramo abatido por el rayo divino. Roberto Montenegro la rescató en una concepción perfecta que congelaba perfectamente la plenitud de su hermosura castaña. Y las obras desaparecieron de sus manos junto con otros despojos, la juventud, la razón, el hijo. ¿Es verdad como se comenta que su familia regaló todas las pertenencias de usted?, te atreves a preguntarle. No me gusta hablar del pasado, interrumpe tajante. Insiste en que la maquillen con entusiasmo, que le pinten chapas, sombras color violeta en los párpados bolsudos, que le arreglen el pelo rubio con la raíz blanca aplastado por el lado de la almohada. La alisan un poco. Ya déjame, ordena impaciente. María obedece y ella pregunta ¿Estoy bonita? Sin esperar comentarios empieza a pedir las reliquias que faltaron, el anillo de concha nacar, varios prendedores. Cada uno motiva una reflexión y te lo muestra, el angelito no tiene perla, es un ópalo rosa ¿verdad? Fíjate en este cuarzo. Madame Lupescu, la mujer más blanca que he visto, y mi prima Paulette tenían unas esmeraldas así de grandes; y la Argentinita, un topacio inmenso. Estuve en Africa, en Tánger me compré collares de jade que vendí a lo tonto. Sin embargo cualquier maravilla empequeñece frente a los brillantes. Amo los brillantes. ¿De dónde le viene su inclinación por las piedras preciosas? Esa es una pregunta que no contesto. María, debe haber por allí unas arracadas, búscalas y tráeme mis pulseras. ¡Qué bruta eres! ¿Sólo un arete? ¿dónde está el otro? María informa temerosa que se rompió el clip. Esperas la furia de Pita pero curiosamente pasa el incidente por alto. Está de buen humor quizá por el dinero que le diste. Le divierte que le sigan colgando sus chácharas. El broche que hice con el cenicero, dámelo. Se prende aquella cosa inmensa doblada por el peso y procura averiguar si te gusta. Por añadir algo, afirmas que esos esmaltes los vendían hacía años en una tienda que daba a la avenida Juárez, en la parte baja del que fuera Hotel del Prado. Te frena abrupta ¡No! Jamás los vendieron allí. El cuerpecito delgado aparenta más fragilidad bajo la carga de sus adornos. Pita Amor pide su collar del águila y se queda quieta unos segundos. He sido modelo. Roberto Montenegro me hizo mi mejor retrato e inspiré a Rivera. ¿Y sus poemas, cómo nacieron sus poemas? De la nada, en el aire de la casa de mi madre. Los apunté con bilet. Alfonso Reyes afirmó que yo era un caso mitológico. Y por mí se han perdido todos los hombres con talento. En los años cincuenta cuando usted era parte de una euforia que inundaba al país... Corta tu frase. Intentas ofenderme sugiriendo que ya no soy linda. Aún lo soy y aún se pierden por mí los hombres de mérito. Le pregunta a Olga si vendió la magnolia magnífica que había terminado el día anterior ¿Y el ajo? Es un ajo enorme, añade, el ajo del mundo. Hay que inventarle un soneto a ese ajo. En este momento lo escribimos ¿eh?, Beatriz, y después hacemos la entrevista. Se llamará el ajo de Olga Dondé.

El ajo de la hoja milagrosa. El ajo del olvido y del recuerdo, el ajo de celestes arreboles. El ajo de la luz, de los faroles. El ajo incipiente y olvidado... María, busca la víbora. ¿Por qué no me la trajiste primero, si sabes que me encanta? Le colocan un largo collar de perlas con cabeza de serpiente en pedrería diamantina y un par de chispas rojas. ¡Vale millones! te asegura. Dime como va el soneto para que pueda terminarlo. ¿Cúantos versos faltan? Se los lees y continúa. El ajo de fulgores celestiales, el ajo combinado de arreboles. El ajo eterno, el ajo inolvidable. El ajo de fulgores admirables. El ajo del portento, portentoso. Algunos versos se te escapan y no alcanzas a escribir lo dictado. Jamás corrige. Te pide tu pluma para firmarlo con tres garabatos ininteligibles y te ruega que arranques esa hoja de tu libreta de apuntes y se la entregues a Olga, la que casi diez años antes, en otro enero, el 14 de enero de 1987, le pintó un retrato interpretativo sobre la cubierta de una mesa en una especie de papel de estraza blanco donde se habían volcado restos de comida y el descuido de las copas derramadas. Durante una noche de cuatro o cinco horas, en el restorán El Olivo, era cuestión de aprovechar todos los recursos. La flor que Pita se ponía sobre la cabeza para verse más alta quedó esbozada por un ramo de perejil sabiamente dispuesto. Los demás trazos fueron con ceniza de cigarro, colillas, café, Coca-Cola, vino tinto. Arriba de los párpados, el papel plateado que venía en una cajita de la crema Nivea que Pita pide en cualquier parte donde se encuentre porque se le resecan las manos. Para los rasgos restantes se utilizaron las líneas de un lapicero francés de puntilla muy gruesa que Olga siempre carga en su bolsa por lo que se ofrezca. Un corcho quemado con el encendedor con que prende sus innumerables cigarrillos configuró las sombras. Una pluma atómica le sirvió para terminar las cejas pobladas, bicolores. La marca de un vaso parece una media luna y, a la vez, apunta un gesto voluptuoso como si un hombro se levantara hacia el lóbulo de la oreja. Se respetó el correcto perfil con sus fosas nasales temblorosas, lo único intacto de ese rostro que una vez alentó pasiones. La mirada verde llena de tristeza y paradójicamente también de sagacidad; la misma Pita confirma, los ojos me brillaban como a una zorra. Y semejante al animalillo mantiene sus dos llamas prendidas. Para insinuar la boca, que alguna vez fue tan deleitable, sirvió una fresa fresca olvidada sobre un plato, a sabiendas de que al secarse tras un cristal sería algo obsceno, marchito, repugnante. La mandíbula antes tan definida se convirtió en una ondulación mofletuda. El rizo de la frente se deshizo, la barba se repitió con un garabato. Hacia la parte izquierda una hoja de helecho, la curva del cachete titubeante. El cabello alborotado, el rictus tristísimo, indefenso, de quien chamuscándose cruzó muchos incendios. Las arrugas que se formaron en el papel con los líquidos vertidos dieron las texturas, movilidad, sensación de cosa viva y palpitante. Al reflejar la vejez en toda su aterradora angustia, el cuadro respira con una ansiedad asmática. Y Pita surge después del desastre, acusa las desvastaciones de una orgía. ¿Cómo puede la belleza distorsionarse al punto de la fealdad? Yo soy cóncava y convexa; dos medios mundos a un tiempo; el turbio que muestro fuera, y el mío que llevo dentro. Pero todavía, con la alquimia del arte, existe otro tipo de esplendor, de conmocionada majestad esperpéntica en la que se registran las huellas implacables del alcohol, la pasiflorina y las pastillas. No basta sólo mirar para adentrarse en un espectáculo, porque cuanto aprendemos del mundo está en constante cambio y por tanto en proceso de degeneración. Esa imagen, la que pintó Olga, con su ternura y crueldad sin concesiones, así nos lo demuestra. Nos demuestra además que algunas mujeres no nacieron para ser madres sino para que la maternidad se convirtiera en su gran desgracia. ¿Recuerdas aquella tarde ya remota? Cuando ibas a pagar el pan que te encargó tu familia oíste unos gritos desgarrantes. Pita estaba a punto de caer, cargaba una canasta y una charola colmada de conchas y chilindrinas a pesar de su avanzado embarazo. La gente se hizo cruces. Te permitió rescatarla, pagar lo que había comprado y subirla en tu pequeño Renault negro de esos tiempos, aunque hasta entonces nunca habían sido presentadas ni se habían dirigido la palabra. Te dijo que la llevaras a la calle de Elba con Juan José Arreola, temía quedarse a solas consigo misma. Lo que a mí sola me pasa está más allá de todo, no hay nadie que de este modo sentirse pueda en su casa. El pan era para Juan, y la mantilla blanca que te enseñó para una de sus hijas. Tocaron el timbre. No había nadie y tuviste que esperar dos horas escuchando confidencias, su enamoramiento, el pánico ante el desastre de su silueta, la inseguridad al reconocer su ineficacia para crecer a un niño, la certeza de que esa gestación era un milagro de Dios que ella no esperaba, hasta que al principio de la noche regresó Juan José sin demostrar mucha alegría ante la inesperada visita. A la semana siguiente, Pita te llamó para agradecerte la solidaridad que le habías demostrado. Esa semana la visitaste en su departamento de Río Duero, asientos de terciopelo beige, paredes gris claro, espejos, sillas con tapices a rayas, angelitos estucados. El dibujo firmado por Diego Rivera, donde Pita tiene puesta una mascada en la cabeza, colocado sobre un escritorio casi a la entrada. Ella se veía más alegre inventando planes para reaparecer en sus programas, debía buscarse un sustento. Se trataba además de mantenerse bien con su hijo porque el padre no iba a darle ni un centavo. ¿Qué le importaba eso a una mujer que vivía como le daba la gana? A los pocos días dio a luz. Y no supo cambiar los pañales ni meter sus pezones, que tanto habían entretenido a los pintores, en una boquita ansiosa. Resultaba más conveniente entregarle a su hermana el tibio bultito recién parido. Te lo contó ¿recuerdas? ¿Quién hubiera imaginado que la mala fortuna aparecería a la vuelta de dos años? Todo fue confusión. Corrieron retazos de rumores que completaban una historia trágica. El niño se hallaba en el jardín con su tía que fue solicitada para atender un telefonazo, asunto de cinco minutos, diez. Los suficientes para que la criatura se ahogara en una fuente o un pozo. Los suficientes para que Pita supiera que sus versos habían sido premonitorios. Arrojada al enigma del desierto, empecé a caminar sobrecogida. Iba pisando en un terreno muerto, y el polvo era la clave de mi vida. Sus gritos no fueron como los de la tarde en que la conociste. Llegaron al centro de la tierra, huellas perdidas que trató de seguir hasta toparse con la locura que jamás curarían los sanatorios psiquiátricos ni las personas compasivas. Su deambular de un hotel a otro, de una calle a otra de la zona rosa en la colonia Juárez, los bastonazos que repartía a diestra y siniestra sobre los transeúntes, ni sus recitales ante un público que no sabía si asombrarse o reír. No se pagan los pecados sino las tonterías, te confiesa. Y hoy estás ahí, en un garage acondicionado por su amigo Felipe para que Pita tenga un techo. Felipe que se dedica a las curaciones milagrosas. Notas que por ninguna parte hay libros, papeles o plumas; tampoco refrigerador o estufa. En una vitrina se alinean figurillas de porcelana japonesa como las que venden en las ferias. ¿La influyeron los clásicos? Ninguno, salvo Juan de Yepes. De mis contemporáneos me entusiasman Rulfo y Arreola y no leo a las mujeres ni por equivocación. Empieza a recitarte una especie de testamento construido a base de conceptos matemáticos, sumas y restas de su vida. Olga sin duda lo ha escuchado cien veces; pero apenas se atreve a cambiar postura y no interrumpe el diálogo que pretendes hilar con tantos esfuerzos. Explíqueme la factura de sus cuentos, pides. Son mediocres y nunca debí publicarlos; además, no me acuerdo de ninguno. Quiero dulces, agrega con tono infantil. Le encargas a María que compre veinte pesos de chiclosos, camotes y chocolates en el estanquillo de la esquina. Mientras los traen se aposenta un silencio irreconciliable. Después, Pita come golosinas como un roedor aplicado a la tarea más fascinante. Pregunta si ya había desayunado. Le aseguran que muy bien. Sin importarle le da fin a varios camotes y a una oblea de cajeta. María y Olga aprovechan la oportunidad para salir al aire fresco. ¿Qué hace todo el día? Pienso o duermo; pero esa es una pregunta que no contesto. Yo me ahogaba en ese ámbito quemante; en ese mar cenizo sin veredas la vista a todos lados esparcía, sólo encontraba las arenas quedas. Nunca lee, escribe, cocina, pega un botón o sube un dobladillo o pasa un trapo por sus muebles polvosos. Se entrega al deporte de pensar. Recorre la espiral de su pasado, baja al sótano de su memoria, revuelve sus escombros, duerme y observa el techo hora tras hora en ese rincón donde los ángeles escatiman sus cantos. Pita alza la vista y percibes su miedo. Horror a quedarse sola contigo. Se incorpora trabajosamente. La ayudas con cuidado sintiendo casi el mismo espanto que ella siente.

# Las dulces

Oíste hablar de Pepa Hernández, quien de pequeña iba al Colegio Americano donde estudiaba tu sobrino; luego el nombre de Pepa se convirtió en algo lejano y olvidado. La noche en que tu sobrino regresó, después de viajar por el extranjero, asististe a una reunión para recibirlo. Una fiesta como tantas otras donde las personas pretenden mostrarse contentas y comen y beben sin saborear y dicen frases ingeniosas o estúpidas. Te sentiste sola, siempre te sientes sola en las fiestas. Buscaste una silla. Estaban ocupadas. Fuiste hacia la escalera y permaneciste allí como para aislarte de los demás. Te creíste infortunada. Pensaste que la desdicha era un bloque, una piedra sobre el pecho ¿Leíste eso en alguna parte? De cualquier manera la desdicha te pesaba y la idea de la piedra sobre el pecho ilustraba bien una impresión agobiadora. Entre las figuras borrosas que parecían distorsionarse, empinar el codo, reir, atender un comentario, distinguiste a Pepa (hace meses el oftalmólogo te recetó otros anteojos). La viste caminar hacia ti, escuchaste el timbre de su voz.

Te arrimaste a un lado para que se sentara en el mismo escalón donde te sentabas. Movía los labios que al mismo tiempo sostenían un cigarrillo, sus labios en torno a los cuales han de marcarse pequeñas arrugas al pasar la juventud y te miraba con esos ojos suyos negros y brillantes embellecidos por segundos. Se interesaba por los detalles triviales de tu tediosa existencia. Dijiste que eres maestra en una escuela, semillero de futuras maestras, que desde quince años atrás acudes puntualmente a tus clases, que tus alumnas agradecen la generosidad que demuestras al dedicarles tus ratos libres. Pepa mantenía sus bellos ojos negros muy abiertos y fijos en ti. Fumaba inquieta y, a su vez, comentó una larga estancia suya en San Francisco. Padecía una fuerte urticaria nerviosa cuyos efectos le desfiguraron el rostro. Fuera de México encontró confianza, una tranquilidad perdida. Al restablecerse volvió a casa de sus padres y a fiestas que también a ella la aburrían. Alguien planeó seguir con la música en otra parte. ¿Por qué no en el restorán del Lago? La orquesta toca bien y tras los ventanales panorámicos una fuente hace monerías, sube, baja, cambia de colores o de formas, un chorro bailarín elevado más allá de las posibilidades previstas. Invitaron a Pepa. Aceptó. Te invitaron con esa cortesía mexicana de cumplido, que de antemano obliga a rehusar. Antes de salir Pepa te dio una servilleta de papel en la cual escribió algo que en vano intentaste leer. Entendiste tu nombre, Lucero, mezclado con palabras desdibujadas. Descifraste gracias, intensidad, momentos. Sonreiste al reconstruir de memoria los rasgos de Pepa. Facciones de niña inteligente y confundida, una combinación extraña. Por eso después cuando corregías los exámenes de tus alumnas, bajo la protección de los doce apóstoles observándote desde una litografía colgada en la pared gracias a tu gusto de solterona conservadora y tradicionalista, no te extrañó reconocer al otro extremo de la línea telefónica la voz de Pepa explicando su necesidad de encontrarse contigo en alguna parte, de estar cerca de ti. Aceptaste una cita para desayunar juntas y llegaste puntual, aunque tu presupuesto reducido no permite tales extravagancias. Ella te esperaba en el interior de la cafetería vestida con un suéter y una falda grises. Llevaba el cabello oscuro y corto peinado atrás de las orejas. Ocupaban las mesas próximas unos atletas alemanes que indudablemente pertenecían a un equipo de futbol. Metidos en sus chaquetas uniformes de cuero negro conversaban animados. Aunque la identificaste en seguida Pepa te hizo señales con la mano como para ser descubierta esperándote. De nuevo fumaba sin parar y entonces intentó confiarte incluso el incidente menos significativo de su propia historia. Su urticaria respondía a un estado emocional inestable, sus padres se empeñaron en sostener un matrimonio aparente donde el diálogo se evitaba de manera obstinada desde hacia cinco o seis años, ella había principiado a psicoanalizarse pero aún no lograba adelantos aparentes, ninguna luz para sus atribulaciones. Sus confidencias brotaban de prisa y las ideas se atropellaban y no se esclarecían. La veías fumar y te encantabas con sus ojos de niña desvalida, sus cabellos cortos, sus ojeras. La creíste hermosa, con una hermosura distinta a la de otras mujeres. Tu mirada resbalaba por ella, se quedaba prendida en la comisura de sus labios que se abrían y cerraban. Sus frases inconclusas no dilucidaban los pensamientos. De pronto reunió fuerzas para hablar de lo que realmente deseaba. Tres años antes tuvo una experiencia amorosa con una amiga y todavía no se recuperaba. Cuando admitió esto la voz se le enronqueció. Siempre ingenua, a pesar de tus cuarenta años, comprendiste finalmente que en las confesiones de Pepa se planteaba una petición sobreentendida que te negabas a escuchar, pues sólo aprendiste a comportarte de acuerdo a los ejemplos morales de esos parientes tuyos protectores de tu niñez provinciana. Practicas las enseñanzas de la doctrina. Arraigaron en ti los ejercicios espirituales preparados por el padre Mercado para un grupo entero de señoritas quedadas, a quienes consolaba con el argumento de que Dios no las guiaba rumbo al camino del matrimonio para reservarles el casto destino del celibato respetable; sin embargo ahora recuerdas, con una claridad irónica, que en esos momentos pusiste tus brazos sobre tu vientre virgen y conociste una enorme piedad de ti misma. Eso y muchas cosas inexplicables te impedían entender a Pepa. Ella preguntó la razón por la cual no te habías casado. Balbuceaste la historia de aquel maestro de música al que conociste en la escuela donde trabajas, aquel hombre viudo que aceptó una plaza rural en Michoacán y desapareció de tu vida. Quizá pude ser feliz pero nunca supe cómo, precisaste. Pepa te miró con sus ojos sensibles y repuso que tal vez tuviste la felicidad al alcance de la mano y no te permitiste agarrarla. A pesar tuyo nuevamente intuiste en su respuesta una insinuación velada. Hay gente que la quiere y usted no se deja querer, dijo. Su voz parecía un hilo apenas audible. Quizá, sí, confirmaste. Pepa enmudeció y entristecida te miraba con ojos suplicantes y humildes. No acertaste a tomar una actitud inteligente, deseabas explicarle que ella era una muchacha lo suficientemente atractiva para elegir y amar a cualquier hombre, a un hombre tan guapo y seductor como uno de esos atletas alemanes sentados frente a las mesas vecinas. Pepa no quería comprenderte. Adoptó una actitud desencantada. Contra tu voluntad, te reprochaste haberla defraudado. Pensaste que era muy bella y frenaste el impulso de tocarle el pelo y acariciarle la mejilla; pero en lugar de eso consultaste tu reloj y te despediste en aras de tus clases. Pepa permaneció en su sitio. Antes de abandonar la salita llena de clientes, volviste la cabeza para echarle un último vistazo y la recuerdas inclinada sobre su taza de café moviendo el fondo con la cucharilla. Al llegar a tu aula, al abrir la puerta, te sorprendiste porque tarareabas una canción mientras reconstruías en la memoria los ojos negros y melancólicos de Pepa. Tus alumnas te encontraron risueña y le alabaste a Patricia el cambio de peinado, a Martha las pestañas rimeladas, a Bertha sus medias color carne. Todo eso cuando pasabas lista y te interrumpías y tus discípulas comentaban tu inusitada amabilidad, y tú te descubrías a ti misma porque hasta ese momento jamás lo sospechaste.

# Progreso

para
Hernán Lara Zavala
Hernán Menéndez
Elvia Rodríguez Cirerol

Mi padre intentaba casarme con un muchacho que fuera de la casta divina. Lo sé ahora cuando los recuerdos empiezan a sostenerse en hilos de mariposa. Me compró un guardarropa surtido y cada año me enviaba, los meses de julio y agosto durante la temporada de Progreso, a casa de doña Felisa Lejeune. Una construcción sólida con fachada más bonita que el interior, espaciosa terraza frente al mar, entrada ancha, *hall,* el saloncito a mano derecha, escaleras y recámaras en la planta alta amuebladas con lo indispensable para tener muchas comodidades y ninguna molestia. Y si lo pienso, no había nada rescatable o hermoso en el plano arquitectónico, en las paredes o sobre el piso. Los espacios se llenaban de cosas que nadie quería y doña Felisa mandaba de veraneo por considerarlas cachivaches indignos del Paseo Montejo.

Y al volver preguntaba cómo me había ido. Yo le describía las minucias del viaje, pequeñas aventuras. Me demoraba comentándole mis adelantos culinarios y la delicia de recibir serenata. La oscuridad nocturna iba transformándose en algo sutil entibiado con una brisa que entraba por las ventanas abiertas mientras nosotras, Lucita Barragán, sobrina de doña Fe, la sombra suntuosa de una amiga gorda que la seguía y yo, oíamos trovar guitarras y voces melódicas, desde las hamacas cruzadas a lo largo del cuarto, gajos de mandarina alunizados que se mecían dulcemente.

Le explicaba que había aprendido la receta de mi panqué favorito hecho con mucha ralladura de naranja y buena porción de Courvoisier y que me había adiestrado elaborando platillos. Y ahí estaban en prenda los pollos mulatos que me enseñó Tomás el cocinero, pastita del relleno negro, punta de sal, pimientos morrones, manteca, vinagre, chiles largos, ajo, vino tinto del que sobraba en las comidas; pero aunque oía sin perder palabra, me entregaba el entendimiento de su mirada tierna con un ojo imperceptiblemente más pequeño que el otro y recibía interesado la roja bola de queso holandés que yo traía por recomendaciones suyas, mi padre esperaba siempre noticias de mayor envergadura que no le llegaban.

Progreso nunca fue mi reino. Aunque todos compartíamos un plácido aletargamiento, en un punto del planeta que marcaba las horas exactas por los cambios de luz, la consigna general era combatir la aburrición.

No desperdiciar minutos de aquellos dos únicos meses. La playa se llenaba de gente, antes de que se presentaran los nortes, la desbandada general, y las casas quedaran vacías, con las persianas bajadas y las cerraduras enmohecidas. Las conversaciones brillaban por su ausencia; en su lugar se hacían chistes, comentarios sobre personas que conocían todos menos yo, se inventaban «voladas» o se reconstruían anécdotas de la obligada estancia en colegios de los Estados Unidos. Al principio quise intervenir, luego advertí que mi presencia no les impedía una intimidad sin fisuras.

Por las mañanas unas cuantas gaviotas traspasaban el aire diáfano. Se trataba de participar en la sopsandía ¿zopsandía? ¿Cómo se escribirá esta palabra que no he vuelto a repetir? El chiste era volver sopa a puñetazos una sandía gigantesca colgada como piñata de un mecate que la amarraba por la barriga. Y la fruta maravillosa, buena para saborearla en el jardín del Edén, se bamboleaba a una altura propicia y recibía los golpazos de una fila de jóvenes que arremetían contra ella a mano limpia, hasta que la cáscara verde y reluciente no aguantaba más. Se cuarteaba. El jugo escurría por la rajadura y alguien, del sopapo número cuatrocientos, lograba hacerla pedazos. Inmediatamente en una jauría bulliciosa los más veloces se abalanzaban a coger trozos y arremetían contra los otros embarrándoles la pulpa hasta que las semillas negras les quedaran enredadas en el pelo como gruesas chaquiras y la miel roja les cubriera cara, pecho, piernas, en medio de manotazos y risotadas interminables que casi se volvían hipo enfrentando luego las olas a grandes y feroces zancadas.

Sobrearreglada, con zapatos de tacón alto que se encajaban en la arena suelta, demasiado maquillaje en pestañas y mejillas y un cutis poco resistente que a la menor provocación se llenaba de pecas o se ponía como filete Wellington, me quedaba en una silla de lona bajo el ala protectora de mi sombrero, amparada por un muro. Pensaba que algo se había detenido para mantener unas costumbres que nadie cuestionaba. Nadie se interrogaba tampoco a sí mismo ni pedía nada que fuera más allá de la propia piel. Yo experimentaba sensaciones de invalidez y aislamiento, rechazo y ganas de compartir esa alegría de cachorros preocupados sólo por divertirse creyéndose dueños de su mundo sobreprotegido y conforme, en que el gozo inmediato era una certidumbre de estar vivo con sólo palparse el cuerpo.

Y arriba se hallaba el sol, sus rayos amarillo intenso de cuento infantil; abajo, el mar fosforescente apenas ondulado y la luz enceguecedora como una fotografía tomada con el lente demasiado abierto que a fuerza de brillos disolviera los contornos de quienes retozaban en la orilla, las cabezas de los que nadaban lejos, canicas que subían y bajaban en el ondulante movimiento, y los perfiles de los que yacían sin preocupación bajo las sombrillas playeras.

Alguna vez, cómo olvidarlo, América Vales salió del mar con el paso armonioso y amplio de los atletas. Su carne dorada cubierta por una capa de aceite detenía gotas que se escurrían lentamente por su espalda, sus hombros y sus senos. Se alisaba el cabello castaño lleno de sal atrás de las orejas y con las manos en alto parecía una venus criolla, Afrodita reencarnada emergiendo de las aguas, segura de su belleza pero más segura aún de su juventud exultante, caminando hacia donde yo estaba en busca de una toalla y para refugiarse en un lugar sombreado.

Don Félix y doña Felisa Lejeune tenían el secreto del amor hecho de condescendencias. Aparentemente no se parecían sino en el nombre. Ella era gruesa; él, pequeño. Los rasgos fisonómicos de ella resultaban precisos; los de él se diluían en el panorama como si, a fuerza de haber padecido temperaturas sofocantes, algo cerúleo y evanescente se le hubiera pegado. El era de pocas y afiladas palabras; ella platicadora, vestida de negro a pesar del calor; él usaba frescas guayaberas, ajenas a la ostentación; ella llevaba en las orejas dos brillantes del tamaño de un garbanzo. El no simulaba interesarse mucho por la gente; ella mantenía contra viento y marea su prestigio de ser una opulenta anfitriona, no sólo por la esplendidez de su mesa sino por el solícito afecto que prodigaba a sus huéspedes. El cifraba su existencia en consentir a su mujer; ella le inventaba programas cotidianos que no le permitían sosiego.

Después de la comida se tomaba una siesta y a eso de las cuatro se organizaban partidas de canasta uruguaya que doña Felisa no perdonaba. Florecía conforme avanzaba el reloj. Se alegraba de su suerte, llamaba *cochon* a su marido, vigilaba la llegada de sus invitados, la buena disposición del evento. Cándido el mesero se empapaba el pelo de Glostora, sus facciones se hacían más orientales y metido en su filipina ordenaba hileras de copas. En la terraza aparecían varias mesitas con cuatro sillas, ceniceros y mazos de barajas. Y aunque los jóvenes no participaban, de vez en cuando doña Felisa recién bañada afinaba su tono sensual de fumadora impenitente para ordenarme completar un cuarteto, con alguna de sus amigas y el padre López Ortega, excondiscípulo de mi papá en la escuela de don Manuel Alcalá o en algún Instituto cuyo nombre se me olvida.

Yo podía mantenerme atenta a lo largo de los dos primeros juegos que generalmente ganábamos. Después empezaba a perder. No me apasionaba la defensa heroica del monte, creciente a cada carta tirada entre guiños de ojos con chispas pícaras, tragos de licor, ruidos de hielos contra el cristal y bocanadas neblinosas. Mi concentración iba rumbo a las nubes que se deslizaban encima, moles aéreas, encajes remendados como la mayoría de mis recuerdos, lentos trasatlánticos de algodón recorriendo su travesía celeste. Y aquello era una masacre a pesar de mis esfuerzos. Finalmente el padre López, involucrado a medida inversa en que mi fantasía volaba, subía con un dedo los espejuelos escurridos hasta la punta de su nariz, mientras ordenaba sus naipes me ensartaba inquisitorialmente la mirada y malhumorado sugería mi remplazo.

Así, entre confusa y feliz, me sentaba en una mecedora con un caracol encontrado entre la arena en cuyos contornos retorcidos veía la síntesis del universo, y un libro que contaba la historia de Hypatia, consejera de astrónomos. Se daba el lujo de desdeñar a su emperador y fue acusada de saber mucho latín. Ambas cosas, el caracol y el libro, impedían la contemplación del paisaje, del mar que cambiaba colores. Me llevaban a otros espacios nada tropicales, quizas dolorosos, complicados o inalcanzables en los que me sumergía sorteando vaivenes sin escuchar ya los murmullos cercanos ni intercambiar palabra salvo con don Félix, abstraído en el horizonte, quien me confesaba que el secreto de un buen matrimonio era la tolerancia mutua; aunque yo aceptara su confidencia con ojos desencantados.

A las cinco o seis, en un expendio de los portales donde sobre el suelo se reflejaban arcos de luces y sombras, bebíamos agua de lima. Enormes porciones rebosantes de líquido verde tierno, servidas con ademanes cadenciosos y amables, sonrisas habituales en cuanto ser humano podía encontrarse a la redonda, y la seguridad de que estaban ofreciéndonos una delicia digna de dioses olímpicos. Al anochecer olía a yodo, légamo y algas muertas. Caminábamos por el malecón hasta el final del muelle sobre la alfombra del océano tendido al infinito. Arriba, la luna lanzaba reflectores que rayaban la oscuridad sobrecogedora.

Y continuaba el ritual, comprar en la Casa Garabana o quizás en la Suárez y Crespo, la Baltasar Jofre, Milán Hermanos o en algún puesto del mercado, una caja entera de vasos baratos, subirlos a un jeep y recorrer al oriente desde La Flor de Mayo y al poniente hasta el cementerio viejo para asustar a quienes tuvieran la mala fortuna de toparse con nosotros. Bordeábamos la ciénega. Cazábamos a los chinos de las lavanderías. Nos desplazábamos por la calle 30 como quien no quiere la cosa. Dábamos vuelta al Parque de la Independencia. Sorteábamos a los perros que nos perseguían ladrando. Recorríamos los rincones del puerto en busca de mestizas dispuestas a tomar el fresco con sus abanicos de sándalo, que hubieran sacado mecedoras a la banqueta y no esperaran el embate de un vehículo que las apuntaba. Las fijaba en la mira, hacía chirriar las llantas a gran velocidad y en el último instante, casi al embestirlas, frenaba milagrosamente a escasos centímetros de distancia dejando caer vidrios violentos que estrellados contra el pavimento parecían bombas. Las caras de azoro provocaban carcajadas delirantes y se consideraba un triunfo total cuando las mujeres, con sus sillones a cuestas tropezándose unas contra otras, se metían y cerraban la puerta. Nuevamente a encontrar víctimas, hasta las doce en que se hacía resumen de los logros obtenidos, y a dormir pensando cómo divertirse los siguientes días.

Las semanas transcurrían con ligeras variantes. Lo más placentero eran los recorridos en yate. Preparábamos una canasta con café, cervezas y botanas. La costa se alargaba, las casas empequeñecían, la vegetación se convertía en manchas y se anunciaba la pesca. Pesca con anzuelos e hilos tendidos desde la popa, golpes intermitentes del oleaje contra el casco, los motores apagados esperando un jalón indicador de que la presa picaba y debíamos apurarnos pues en un descuido podía escaparse. Salíamos a las cuatro y media de la madrugada para aprovechar el tiempo. El padre López Ortega nos acompañaba decidido a impedir cualquier desmán, el contacto de dos muslos, un abrazo prolongado. Su sola presencia metía orden en los marineros e indicaba que a pesar del clima y las actividades necesitábamos ponernos prendas que cubrieran pudorosamente la desnudez del traje de baño.

Algunos ataban el cordel a las bancas del barco; pero al enrollarlo en la mano, yo no estaba tan fuera de lugar porque los peces venían a mí con desaprensiva insensatez. Y los entregaba a los marineros para amarrarlos por la cola con una tira de palma. Sabía poner la carnada que habían cortado previamente, tiraba el anzuelo y no recuerdo que se me hubiera atorado en el fondo rocoso. Embriagada por mis triunfos aventaba lejos playera o blusa, que me parecían estorbos y me quitaba sin ningún recato y sin importarme los gestos desaprobatorios del padre López, ni sus posteriores sermoncitos y recomendaciones durante la merienda.

El caso era sentirse triunfadora en algo, porque en los bailes tampoco encontraba acomodo. No es que faltaran parejas, es que me empeñaba en polemizar sobre derechos sociales. ¿Por qué se asombraban tanto de que peinadoras y manicuristas se presentaran en el casino con trajecitos confeccionados por las costureras que elegían sus telas, figurín a la vista, en los establecimientos de Alejandro Domani, Juan Moisés o Antonio Sid? ¿Qué no se pagaba con el mismo dinero? ¿No se vendían las entradas? ¿En qué lógica se basaba aquello de que la gente debía automarginarse? ¿Guardar su sitio? ¿Nadie había oído el consejo de amarse los unos a los otros fuera de su pequeño círculo? Mis peroratas subían hacia el firmamento estrellado con sus constelaciones dispuestas a ser contempladas, quedaban perdidas en el espacio sideral, se paraban arriba de las palmeras, trepaban por la torrecita rosa en la iglesia del zócalo, se escondían entre los pétalos de un tulipán, en la paja de alguna vivienda, o iban derechito al reino de la buena educación donde se pasan por alto las impertinencias. A palabras necias oídos sordos, me respondían los rostros felices de esos adolescentes que usaban lentes negros y bronceadores.

Y después nadie deseaba emprender el camino de la trascendencia sino el de la música que salía por las bocinas en el convertible que nos llevaba a los pueblos y lugares próximos. De las haciendas pasábamos a Uxmal, a Motul para comprobar que allí vendían huevos deliciosos. Las fiestas se multiplicaban a lo largo de los días, actividades y excursiones también. Las bromas sostenían su ritmo de cascabeles, interminable ir y venir que para mí se suspendería con un último paseo a Chichén. Por algún sendero vecinal, nos encontramos de pronto extraviados a mitad de una hectárea sembrada con plantas de henequén, uniformes, picudas y alineadas como ejército impenetrable.

En la distancia vislumbramos el sombrero de un hombre. Por la gracia divina que le daba ser bonita, rica, alta, segura de sí misma, de raza blanca, América Vales gritó haciendo un llamado con el brazo: ¡Hey, tú, indio, ven acá!

Con el sombrero en la mano, unos pantalones doblados hasta las rodillas y una camiseta blanca, el campesino se acercó diciendo: Ordene usted, niña Y que intervengo con un: ¿Señor, por qué responde con tanta amabilidad a palabras tan groseras? Alguien dijo que no era un señor sino un indio, bastaba con verlo. Y que me enojo. Otra vez aquello de ¿en que cabeza cabe? ¡No te gusta estar contenta! ¿Nunca han pensado? ¿Qué los hace superiores? ¡Siempre complicas todo! ¿A quién se le ocurre entrometerse? Y lo que entra por un oído, sale por otro; mientras el campesino confuso nos daba instrucciones para salir de allí, aunque sólo quería alejarse.

En Chichén nos dispersamos. Las risas se posesionaron de los nichos, se enroscaron en las columnas, se columpiaron de los árboles. Desde lo alto del Castillo se fueron alejando. Dejé de oírlas para entrar en la dimensión de lo inefable. Las humedades hacían mapas en los muros legendarios. El cielo azul intenso contrastaba con el verdor vegetal de fulgurantes esmeraldas y, conjugados a la distancia con un resplandor solar, daban un espacio, un círculo violeta. Además estaban allí las escaleras abismales para ser bajadas en zig zag, el equinoccio de otoño y el solsticio de invierno anunciados en el hemisferio boreal, la rosa de los vientos y el silencio. El silencio ensordecedor de los siglos. Y el milagro, la primera emoción estética real de mi vida. No se trataba ya de recetas aprendidas, compartir juicios ajenos ni de mostrarse pedante. Era la belleza entrando por los resquicios del corazón que en fragmentos de segundo me hicieron creer que efectivamente los caracoles son muy misteriosos, tanto como todo lo que alcanzaba la vista. Sentí emociones reveladoras, etéreas, frágiles, huidizas.

Junto al coche hacían señas para que me acercara. En la carretera quizá íbamos menos ocurrentes. No lo recuerdo; pero recuerdo que esa noche, cuando regresamos de nuestros entretenimientos acostumbrados, estaba doña Felisa conversando con el padre López en el recibidor. Ambos tenían un vago aliento circunspecto nada adecuado a sus respectivas personalidades. Saludé y subía las escaleras rumbo a mi cuarto, cuando doña Felisa dijo que el padre esperaba oírme en confesión. ¿En confesión?, yo no pedí confesarme.

Deben haberse equivocado. Es que me preocupan, hija, esas ideas tuyas revolucionarias. Y ante un mohín de rechazo, el recurso infalible. A tu papá no le gustaría saber que te has vuelto comunista. ¿Comunista, padre? ¡Debe andar mal de sus cabales! ¿Qué es ser cristiano? ¿o a fuerza de repetirlas se le borraron las enseñanzas del catecismo? ¿Por qué no mejor procura que se confiese América? Y un por favor, niña, cuida tus palabras, respeta a un sacerdote. Y la rubia voz del padre con leves temblores de ira, y la voz conciliadora de doña Felisa. Todos de pie. Y un deseo grande de subirme al avión, desempacar mis cosas con la maleta sobre la cama, y contarle a mi papá que aprendí a preparar comida yucateca.

## Y las hojas de los árboles también se habían perdido

Durante un sexenio gubernamental la hermana de Estela Conchello fue amante de un político mexicano de los que dejan las arcas vacías y permiten a sus allegados —oficiales y extraoficiales— despacharse con la cuchara grande. La familia Conchello se enriqueció de la noche a la mañana y demostró su opulencia con desparpajo soez. En una hectárea en el Paseo del Pedregal de San Angel edificó varias mansiones que organizaron una colonia privada en medio de jardines delirantes donde cupieron plantas exóticas, tulipanes traídos de Flandes, alcatraces de hojalata, faroles coloniales y estatuas chinescas.

Antes de vivir tiempos tan prósperos, Estela trabajaba como dependienta en un gran almacén. Desde entonces creyó que el máximo lujo para alguien con pretensiones era juntar cosas, acumular sin ton ni son piezas auténticas con auténticas baratijas. Quizá también desde entonces le germinaron en el alma un rencor secreto hacia algunos clientes injuriosos, la voluntad de anunciar su hora triunfal con repiques de campanas y de presumirle a quien tuviera enfrente. Escaparate adecuado a su personalidad, las paredes de su casa se tapizaron con colecciones de lo coleccionable comprado en múltiples viajes. Los tapetes persas proliferaron sobre las alfombras de pura lana virgen. Y Estela reprodujo la tienda de sus recuerdos adolescentes. Aduló a los conocidos y con placer se instaló en su papel de multimillonaria recién acuñada. Supo que nada entretiene tanto como ocuparse de uno mismo y explotó el filón egocéntrico de sus amigos. Descubrió a una vidente que trabajaba a domicilio para una clientela entusiasta y, decidida a sacarle jugo, Estela llamó telefónicamente a cinco o seis parejas y las convidó para dejarse adivinar el futuro. Su hallazgo tenía «facultades extrañísimas» a la hora de leer el tarot, el café, la palma de la mano. Por medio de estos tres caminos conocía el presente de su consultante, hurgaba las entretelas de su conciencia, exploraba en su pasado y lograba propiciarle el porvenir. Los poderes le alcanzaban para señalar iniciales de nombres propios importantes en el desarrollo de una vida, esclarecer dudas o aconsejar como Sibila.

Bertha y Mauricio se desconcertaron de haber sido invitados la misma tarde. Su inminente separación se comentaba ya entre el grupo allegado; pero procuraron no evidenciar su sorpresa y adoptaron una actitud natural, recíprocamente amable. Acostumbrados a ciertas modas, aceptaron entretenidos aquel juego profético.

Sin perder todavía el hábito, compartieron un sofá, estiraron la mano hacia las copas de cognac presentadas en charola de plata y al menos en apariencia atendieron las caídas de cuna de su anfitriona, dueña de un virtuosismo especial para reducir a pesos y centavos cualquier tema. Aunque Estela disculpó la hazaña arguyendo que se proponía conservar «el aprecio de los dos», intuían que al juntarlos se daba el gusto de convertirlos en conejillos de Indias bajo la observación de todos los presentes, bajo microscopios de un laboratorio que producía morbosidad burlona.

En la confusión inorgánica y el decorado demasiado ecléctico de los demás cuartos, el saloncito chino parecía excepcional. Sus proporciones recogidas lo dotaban con una gracia ausente en el resto de las habitaciones. Un pebetero quemaba incienso; a su lado se guardaban en un mueble con tapa de vidrio una serie de figuras de jade y amatista que formaban un lote considerable. A pesar de haber permanecido callado, Mauricio rompió su silencio al preguntar sobre el origen adquisitivo de tales piezas y, sin esperar respuesta, dijo:

—Tuve una colección tan importante como ésta...

—que rompí en un rapto de furia loca —completó Bertha estimulada por un nerviosismo imprevisto, como si de pronto saliera por su boca algo en ebullición, tenazmente reprimido; sin embargo, controlándose al instante quiso borrar su arrebato con una broma.

—¿Sabes lo que cuesta? —repuso Estela desorbitando su interrogación azul.

—¡Claro que lo sé! También era mía ¿no?

Con una sonrisa sarcástica que Bertha sabía interpretar, Mauricio intervino:

—Además, como diría tu bruja, las cosas siempre regresan a uno aunque sea hechas pedazos. Hubiera añadido algo más, pero lo llamaron de la pieza contigua y se levantó dispuesto a percatarse de su destino. Bertha procuró seguir la historia detallada de las experiencias que Estela había tenido hacía un mes en Damasco. Le impedía seguirlas punto por punto el disgusto hiriente que sentía por haber abierto de modo tan gratuito una rendija de su intimidad.

En su turno ante el oráculo se instaló en un banquito casi a ras del suelo. Al otro lado de una mesa de patas cortas, vestida con una tela barata y chillona, la mujer semiacostada se apoyaba en un codo. Escondía una de sus manos entre el enmarañado cabello azafrán, dejaba un cigarrillo entre los labios y que su mano libre jugueteara con las barajas. Los ojos maquillados con gruesas rayas negras y sombras verdosas en lugar de verse vulgares le conferían un aire misterioso de acuerdo con su oficio. El cenicero colmado de colillas evidenciaba su temperamento excitable y unas profundas ojeras marcadas en el rostro, su fatiga. Se concentraba haciendo grandes esfuerzos; pero su puesta en escena carecía de talento debido a un claro afán por dejar satisfecho al cliente en turno. Bertha escuchaba

110

los augurios de un matrimonio próximo en el cual tendría hijos y una desmesurada dosis de felicidad. Hubiera resultado irónico si la vista no se le nublara con una ola de llanto. Casi interrumpió para que no se dijeran tonterías. ¿Cómo explicar que las cartas mentían o eran mal interpretadas? A la mañana siguiente iría al juzgado para divorciarse de su marido, no pensaba casarse, ni lavar pañales ni amamantar a nadie. No esperaba ninguna dicha sino una honda, impronunciable amargura. Y se comió sus palabras y controló sus emociones.

De regreso al saloncito, frente al resto de los contertulios empecinados en averiguar lo que la moderna pitonisa le había augurado, aseguró su asombro por las cosas tan atinadas que le habían dicho. En Mauricio encontró a un cómplice que apludía su mentira cortés y —cuando al rato decidió despedirse— a un amigo que la acompañó hasta su coche, le aceptó el beso en la mejilla y prometió recordar la cita pendiente.

Contra su costumbre y con el cansancio de la mala noche, Bertha despertó a las seis de lo que parecía una madrugada brumosa. Usaría el abrigo café con mink en el ruedo, el vestido blanco de cuello de tortuga y la bolsa de cocodrilo, pensó. Al fondo de un largo pasillo la voz de su madre la obligó a ocuparse de lo inmediato. Se puso una bata encima y caminó arrastrando sus pantuflas con plumas de avestruz que empezaban a ensuciarse. Bajo un cúmulo de edredones escuchó una pregunta ociosa.

—¿Quieres que te acompañe?

—No. Este asunto es sólo mío y deseo arreglarlo sola...

Como respuesta, con su inveterada manía de contestar una cosa por otra en un monólogo impenetrable, la madre dijo:

—Me duele muchísimo la cabeza, necesito un calmante para los nervios. Nunca me consolaré del dolor que ustedes me causan.

Bertha prometió conseguir un sedativo en la farmacia de la esquina abierta las veinticuatro horas.

Tan pronto la vio, el boticario supo a lo que iba. Sigiloso envolvió un frasco y apaciguando sus pruritos profesionales espetó lo de siempre.

—Ya les aclaré que se prohibe vender este medicamento sin receta. Me multarán, tendré un lío por su culpa, vendrá la poli...

Bertha sabía de memoria las tretas empleadas por su madre para conseguir barbitúricos; no encontró nada razonable que replicar y pagó medio apenada.

La madre le pidió un vaso de agua, temblorosamente tomó dos o tres pastillas y se cubrió con las cobijas.

—No descorras las cortinas. Esta pena me matará —dijo.

Bertha necesitaba una actitud más solidaria. El espejo del tocador la reflejaba desgarbada, con los hombros vencidos. Quizás el maquillaje me ayude a disimular esta cara horrible, pensó. El timbre del teléfono y la voz de Estela Conchello la llevaron de nuevo a lo inmediato. Vio la hora en tanto rechazaba la propuesta de ser acompañada y colgó impaciente.

Frente a la puerta del Registro Civil había un lugar donde estacionarse. A poca distancia Mauricio aguardaba. Leía el periódico recostado contra el asiento trasero de su Chevrolet negro que el estático chofer, sentado al frente, se encargaba de pulir. No se concentraba en su lectura porque salió al encuentro de Bertha antes de que ella bajara de su coche.

—¡Qué bonita vienes! —dijo.

—Tú eres el que se ve muy bien ¿estrenaste traje?

—Sí. Lo compré para la corbata que me regalaste en mi cumpleaños.

Bertha creyó que era chocante toda esa cordialidad simulada y abruptamente interrumpió:

—No hablemos de banalidades...

—¿Prefieres a cambio un duelo de espadas?

—¿Llegaron los abogados?

—No.

—¿Y el juez?

—Tampoco. Los únicos que estamos aquí somos nosotros —ella sonrió, él sonrió y ambos desviaron la mirada.

Los abogados llegaron por fin como parte prescindible de un ritual absurdo.

—El juez tardará todavía un rato —confirmó uno de ellos, empeñado en demostrar su apego al papel que le tocaba cumplir.

Decidieron esperar en un café de chinos. Mauricio y Bertha se sentaron uno frente a otro, cada quien con su ángel custodio a la siniestra. Mauricio ordenó cuatro cafés con una risita fascinadora que le permitía presumir su dentadura impecable. La mesera, una muchacha entre los veinticinco y los treinta años, le retribuyó la supuesta coquetería y se alejó contoneándose. Bertha comprendió que Mauricio se esforzaba por mantener hasta el último minuto la imagen del hombre guapo que ella había amado. Lo observó tras un cristal opaco. A falta de otra conversación hablaron de hoteles europeos. El abogado de Bertha, Caballero de Colón e hispanófilo de hueso colorado, rememoró Madrid añorando las tapas de sus bares. Mauricio se sumergió en el mutismo y Bertha hizo comentarios aislados. De pronto, alguien aludió a la urgencia de continuar los trámites del divorcio.

Por la calle el abogado recordaba aún la ubicación de una fonda española ideal para clientes empeñados en escoger el pedazo de vaca que han de comerse. Mauricio y Bertha caminaron atrás, callados.

Al entrar en el despacho les informaron que Estela Conchello había llamado varias veces. El juez —amigo de todos— se permitió una broma que en ese momento sonaba a sarcasmo:

—¿Esta pareja tan elegante viene a casarse? —dijo. Nadie atinó una respuesta y se prefirió disimular el comentario.

A la hora de firmar, Bertha se detuvo titubeante.

—Firma con tu nombre de soltera —pidió el juez y ella escribió su nombre con una letra firme, ajena a sus emociones.

—Cualquier vínculo matrimonial queda legalmente disuelto.

Una secretaria avisó que Estela Conchello estaba en el teléfono.

—Dígale que los señores acaban de irse... Detesto a los chismosos profesionales, aunque yo sea uno de ellos —dijo el juez y soltó una risita breve.

En la escalera angosta y sórdida, Bertha tropezó. Mauricio la ayudó a sostenerse y la vió con ternura.

—¿En qué fallamos? ¿Cuándo empezaron las equivocaciones? —preguntó cansado.

—Nunca lo sabremos bien...

—Y ya no importa.

Su abogado acompañó a Bertha hasta el coche. A punto de despedirse, ella le dijo:

—Licenciado, aquí mismo cubriré sus honorarios.

—¿Le parece mucho cinco mil pesos?

—Déjeme darle el cheque.

Mientras registraba dentro de su bolsa sintió pasar, despacio por la vía angosta, el Chevrolet negro. Como un acto reflejo buscó al ocupante del asiento trasero. En otro, también reflejo, él se echó para atrás y ocultó la cara, pero el ritmo de su pecho traducía su respiración dificultosa. Bertha se entristeció:

—¿Hago el cheque al portador? —y un sollozo se le quebró en la garganta.

—¿Qué ocurre, señora? ¿Usted siempre tan valiente flaqueará a destiempo?

—No... —y no quiso comprender lo que intentaban decirle.

—Al portador. Gracias.

Rumbo a quien sabe dónde, Bertha recordó que Estela la invitaba a comer la semana entrante. Decidió disculparse, decidió alejarse de reuniones y pasar una temporada al cuidado de su madre enferma de los nervios. Cambió de ideas. Consideró las posibilidades de asolearse en la playa o trabajar o estudiar. Manejó por una avenida ruidosa. Un poco perdida, encontró otra con un camellón en medio. A pesar de sus lágrimas incontenibles notó que en ese otoño las hojas de los árboles también se habían perdido.

# Los delfinios blancos

para
Emmanuel Carballo

*Hiciste bien en venir pues te aguardaba.*
*Y desfallecía por este deseo que enciende mi alma*
Safo

El cielo de Puebla no tenía nubes aquella mañana calurosa. Su infinidad azul presagiaba una tranquilidad tan sosegada como las promesas de dicha eterna que se habían hecho. Cuando llegó, él la condujo del brazo por unos pasillos encalados hasta encontrar los altos techos del Salón Barroco donde un arquitecto olvidado en el oceáno de la historia transformó sus imaginaciones en formas delirantes.

Le preparaba una sorpresa que ella recibía con el corazón lleno de campanas echadas al vuelo. La Orquesta Universitaria del Estado tocaría exclusivamente para ellos un selectísimo programa. Apenas atravesaron la puerta, los ejecutantes se levantaron de sus respectivos lugares. Cualquiera supondría que estuvieran en mangas de camisa; pero se habían puesto tra-

117

jes de gala. Momentos después, y sólo transcurrido el tiempo suficiente para que ellos ocuparan un par de sillones dispuestos, se dio curso a un concierto para flauta de Albinoni.

Si caminara por la calle o estuviera en un café, la personalidad del solista sería poco relevante; pero al tocar su instrumento el rostro le resplandecía y por la boca le brotaba un ímpetu prodigioso. De Albinoni pasó a Marcelo y a Vivaldi con interpretaciones cada vez más graciosas. Las notas, que desde el principio anunciaban travesuras y peripecias, irrumpieron a borbotones apoderándose del recinto. El re subió a lo alto de una cornisa, el mi remontó la bóveda, el do revoloteó como abeja por los artesonados, seguido de un caudal de escalas y arpegios que sin encontrar sosiego rozaban con sus alas invisibles las mejillas de los ejecutantes, del público compuesto por dos adultos que no se atrevían a mirarse para no modificar, ni siquiera con un parpadeo, el milagro de su dicha. El *cantabile* marcó tiempo de pausa, dulcísimo recreo igual al que deben sentir los ángeles y santos en los círculos celestiales. El *gordelino* hablaba del éxtasis y del asombro que supone una trasmutación, la del pan en hostia sagrada, la del capullo en mariposa, la del mosto en vino, la de los líquidos en cristales, la de la palabra en poesía, la del letargo cotidiano en amor. El segundo *allegro* fue despertar a una existencia exultante que descartara rutinas y cansancio. Otra vez las notas del pentagrama jugaron a ser arabescos y serpentinas, a enredarse en el viento como evocación vehemente de las cosas nobles y bellas de este mundo. Y, transcurridos algunos compases que prefiguraban el final, callaron tan prestas y alborozadas como al principio.

Ellos aplaudieron con un entusiasmo evidente en el brillo de sus ojos. Saludaron de mano a los músicos y les agradecieron ese regalo que hubieran juzgado inmerecido si en esos instantes no se creyeran merecedores de cuanto la vida ofrece a sus beneficiados. Sin proferir torpezas, él abrazó al solista que, con su flauta apretada contra el pecho, tenía la sonrisa de autocomplacencia que sólo aparece en los labios de quienes han llevado una tarea hermosa a buen término.

—Esto fue por hacernos disfrutar sus conferencias y sus clases de literatura, maestro.

Y a él se le hizo un nudo en la garganta.

En Puebla hay restoranes excelentes ¿pero quién apetecía comer? Mientras saboreaban una bebida, él descubrió sobre una mesa el periódico de ese domingo. Alguien lo había olvidado abierto en la columna del horóscopo. Buscó su signo y leyó en voz alta: "Cáncer. Su seriedad y experiencia le permitirán realizar cualquier deseo. Si lleva un ramo de flores blancas a su casa, conocerá una pasión ardiente y duradera". Se rieron y él le dio un beso junto a la oreja, y ella se estremeció con la caricia.

En el campo las alturas conservaban su azul esmaltado, quizá algo oscurecido aunque sin anuncios de tormenta. Los volcanes ponían límites al horizonte con sus perfiles violetas y los resplandores de sus cimas. Llanuras verdes y bien cultivadas se extendían a lo largo de la carretera. El viento olía a hierbas silvestres, a retama y a claveles que sembrados en grandes tramos meneaban al son de una brisa leve sus cabezas rojas, lilas y amarillas. Ella conducía invadida por una felicidad que como el ritmo gozoso del *gordelino* entraba por la ventanilla abierta. De pronto desde las abundancias de una milpa salió un agricultor cargando un ramo gigantesco de delfinios blancos. Formaban un manojo vaporoso. Impulsado por sus anhelos, él pidió que se detuviera el coche y bajó a comprarlos.

# Alta costura

para
Luis Leal

Cuando llega esa mañana al taller de Poiret, Roma Chatov no sospecha siquiera que empieza a ser un instrumento de Dios. Se dirige al rincón donde se apoyan contra la pared los pesados tubos que envuelven el crepé de seda. Hace a un lado el azul índigo, el blanco helenio y atrae hacia sí el rojo sangre. Rectifica el ancho, uno veinte. Será un chal magnífico, piensa. Lo confeccionaré por entero, aunque reflexionándolo bien quizá convendría pasárselo a una bordadora para que cosiera las orillas; pero todas trabajan atareadas en los elaborados diseños del maestro. Urge terminar los trajes que usarán la duquesa de Guiche y madame Castellane en la recepción ofrecida por los Polignac la semana entrante. Así pues Roma regresa con su tela y se sienta junto a una ventana buscando la mejor luz del día. Gira el carrusel de carretes, elige un hilo de tono idéntico e inicia hábilmente la hilera de puntadas escondidas bajo el doblez. Fue parte de su entrenamiento ejecutar cualquier tarea relacionada con el oficio, aunque se especializa en la pintura de gasas, rasos que llevan ramos de violetas, faroles chinescos, manojos de corolas y pistilos o prismas y rectángulos en el más puro estilo *art-decó;* pero ahora da impulso a su imaginación sin obligarse a las exigencias de un modelo. Dibujará una golondrina fantástica que se remonte al cielo, metáfora clara, homenaje para aquella impredecible que intentaba volar y a quien sólo vio una vez en pleno descenso. Roma Chatov la recuerda con sensaciones contradictorias. Había acompañado a Poiret que, por deferencia a una de sus clientas más famosas y leales, aceptó complementar la escenografía de una velada dancística; algunos telones azules de diferentes matices, hojas de acanto y cirios encendidos en lugares estratégicos. Entre los contados concurrentes varios intelectuales. La pequeña Roma Chatov, recién llegada de Moscú, los reconoció fácilmente. Son personas célebres y sus fotografías aparecen en periódicos y revistas que ella hojea como parte de una educación mundana. Será pájaro. Sí, un pájaro fantástico y amarillo con las alas abiertas de un extremo a otro del rectángulo. Se repartía champán en esbeltas copas burbujeantes y se escuchaban trozos de conversaciones divertidas. Jean Negulesco le confesó a Rex Ingram que encontraba prodigiosa la iluminación. Otros comentaban, bajando la voz, que la anfitriona había dejado atrás sus triunfos, no era ni su sombra. El peso de los años y el de la tragedia ya no le permitían despegarse del suelo. Las alas extendidas abarcan el material encarnado y aún queda sitio para otros elementos que complementen la plasticidad de la figura. Ha quedado atrás la ninfa ingrávida que aplaudíamos rabiosamente por la originalidad de sus coreografías, comentó Marguerite Jamois. Sin embargo siempre podría darnos sorpresas, dijo Marie Laurencin. Se escucharon las primeras notas de una sonata de Bach. Desde sus telones la bailarina surgió con una vela entre los dedos, el cabello suelto teñido de púrpura, descalza, cubierta por una toga blanca. Nadie supo cómo avanzó hasta el punto donde se hallaba, metida en su música escuchándola con unción, para sí misma, ajena a sus invitados, al mundo tangible y cotidiano. Entregada a un rito del que era sacerdotisa única. Permanecía estática, imagen detenida, congelada por la cámara de un fotógrafo portentoso. Estaba ahí y estaba en otra parte. Luego, de manera insensible prendió uno tras otro doce candeleros colocados alrededor del piano. ¿Se mueve? ¿Se ha movido? preguntaban. Sus pies no parecían dar un paso, como si las pisadas obedecieran al ritmo interior de una armonía secreta. Tenía un halo plata, una expresión demudada. ¿Seguía la música? ¿La música la seguía? Nadie lo hubiera asegurado, nadie cambiaba postura ni profería palabra por miedo a romper la magia; como si el silencio fuera respuesta al milagro producido hasta que ese encanto se esfumó en un acto de prestidigitación. Sobre el crepé rojo el pájaro toma forma cercado por signos negros que semejan una caligrafía oriental y en realidad nada significan. Pausa breve. Las teclas de marfil se hundieron precipitando en la atmósfera una mazurca de Chopin. La danzarina coronada de rosas volvió semicubierta con una túnica traslúcida a la mitad de sus muslos desnudos. Ella, que hacía unos instantes recordaba el retrato que en el apogeo de su gloria le hizo Arnold Genthe, brazos en alto, cabeza hacia atrás, garganta ebúrnea. Ella, que minutos antes resucitaba la simplicidad perfecta de la escultura griega, se contorsionaba en un espectáculo grotesco. Resultaba obsceno su rostro hinchado por el alcohol, su escote sudoroso, las piernas celulíticas saltando pesadamente contra el piso, los brazos que alguna vez emularon guirnaldas de laurel y entonces simulaban aros circenses dispuestos para que saltaran dentro una camada de perrillos. Carreras absurdas, arriba y abajo del reducido espacio, y ubres colgantes que las transparencias revelaban impúdicamente. Gracia de avestruz, decrepitud precipitada en una resbaladilla. Redundante su respiración sonora, estertor producido por el esfuerzo. Un último brinco y se clavó con un pie al frente y las manos extendidas hacia los espectadores que suspiraron aliviados cuando la música cesó. Después la ocultista se fue para vestirse dejando a sus amigos paralizados en sus respectivos lugares, sin abrir la boca o atreverse a cruzar miradas en la quietud silenciosa. Sentían vergüenza y culpabilidad cómplice de un crimen, el de haber constatado un derrumbe. Picasso, con las brasas de sus ojos fijas en el hueco que la bailarina había dejado, se sobresaltó con la voz puntiaguda de Jean Cocteau que silbó en el aire: admítelo, este genio ha matado la fealdad. Al regresar, Poiret se negó a los comentarios y la pequeña Roma Chatov se quedó callada en la incomodidad del coche experimentando la despreocupada compasión que sienten las mujeres jóvenes por las que dejaron de serlo, y también queriendo solidarizarse contradictoriamente con quien intentó fundar una escuela para bailarinas pobres en su país de nieves remotas. Por eso ahora dibuja las plumas ficticias de un ave, el pico agresivo, el gordo pecho figurado en una línea, y decide enviarlo a Niza sin suponer que en el intrincado tapiz del destino ella es el hilo y la aguja, los colores, el pincel de Dios. Y sin saber tampoco que su bello, delicadísimo, poderoso, resistente regalo dobladito en albos papeles será el instrumento liberador con que Isadora Duncan morirá estrangulada.

# La hechicera

Por entonces estaba nimbada de rosa, con un aura color durazno. El mismo color que elegía para las sutiles mascadas de gasa que se enrollaba al cuello cuya consistencia etérea recordaba los pañuelos que los ilusionistas sacan de sus sombreros, complemento de ese cabello claro, sin peso, que ocasionalmente le caía sobre la frente y echaba hacia atrás con un rápido movimiento de cabeza. Subía el cuello de su abrigo pelo de camello beige, martingala, botones de concha, y metía las manos en las bolsas alzando los hombros con una despreocupada irresponsabilidad de adolescente dispuesta a enfrentar las eventualidades de este mundo. La acompañaba siempre su hermana gemela, pálida emulación de sus facciones finas y sus ojos cafés. Curiosa simbiosis que sin embargo no le restaba libertad, como si sólo a ella le fuera posible mover esa nube rosada que la seguía por dondequiera.

La última vez que nos vimos en México yo cruzaba la Plaza Río de Janeiro sumido en mis pensamientos. Desde la orilla opuesta gritaron para que las viera. Nos saludamos sorteando al apócrifo David de Miguel Angel, que el tiempo ha vuelto familiar, colocado allí por órdenes de algún regente citadino. Descubrí que iba también el chaparro y malencarado don Porfirio. Desde lejos alcé la mano y no detuve el paso porque sentí un escalofrío. En la distancia se tornaron tres siluetas levemente difusas.

Meses más tarde salieron del país rodeadas de enredos que nadie ha esclarecido. Se hablaba de conjuras contra el Gobierno, delaciones, tratos con la CIA o amistades con un político carismático empeñado en atacar altos mandos institucionales. Incongruencias y contrasentidos velaron su inesperada partida resuelta abruptamente.

A pesar de ese exilio voluntario o forzoso, Irene mandaba originales para que se publicaran aquí. Yo los buscaba recién salidos de prensa, con la tinta fresca y la tirantez de las páginas que todavía nadie ha transitado. La misma voracidad me producían sus cartas llegadas esporádicamente, escritas a máquina. Sucesiones de equis tapaban tachaduras, arrepentimientos, frases corregidas. Salvo la firma ininteligible, no me permitían apreciar la forma de su letra ¿Sería cursiva, redonda, nerviosa, de rasgos dilatados, las mayúsculas garigoleadas y las eses finales condensadas en una curva sugerida?

Hablaba de su arte, sus problemas temáticos. Dedicaba párrafos enteros al gordo y castaño don Porfirio que causaba estropicios y el obligado abandono de vivienda. Mencionaba a su hermana. Contaba que

128

nadie las confundía, no obstante ser idénticas. Los mensajes llevaban noticias de mala salud y sobresaltos en una fuga cuyas causas nunca aclaró. Sus novelas tampoco decían gran cosa. Los motivos y situaciones de su intempestiva desaparición quedaban ocultos bajo una hojarasca. Los enigmas cubrían algo turbio donde flotaban vagos olores fétidos. Luego supe que el secreto de su enorme talento radicaba precisamente en ese juego de tapar o aclarar con luz de melocotones frescos algunos hechos. Las palabras y las cosas encontraban por su conjuro un acomodo exacto en algo que se llama literatura. Sirena encantadora, entonaba varias voces, cantaba a capela, se retrataba idealizada a través de sus amantes, recuperaba su infancia feliz desentrañando cabalísticos listones interminables. Inventaba absurdos reconstruyendo una historia de amor imposible, y soñaba el encuentro postrero y fantasmagórico. Desafiaba el tiempo y sus estragos a cargo del timonel. Y su barco se deslizaba confiado hacia el infinito desconocido.

Decidí dedicarle mi tesis doctoral. Admiré su inteligencia lúdica, sus artificios, y me entretuve —sin importar horas ni desvelos— leyendo cada renglón salido de la vieja Smith Corona que tecleaba incansablemente. Yo le daba alas a esa enorme vanidad, sintomática de los escritores, y pude sostener con ella una correspondencia aunque perdí su pista corto tiempo. Me preocupaba el cambio constante de direcciones bajo el nombre de la remitente e incluso me preguntaba si aún vivía en la última; pero, en esa misma carta me apuntó su número telefónico que usé sólo una vez porque a Irene no le corrían los minutos y permaneció horas en la línea detallándome la vida de Greta Garbo y las proezas de Rommel comandando los ejércitos de Hitler en el desierto del Sáhara, desentendida de que teníamos el Atlántico entre nosotros y que la comunicación costaría toda mi quincena de maestro asociado c, tiempo completo, en la Universidad.

Me propuse mejor visitarla durante mi año sabático. Iría a París como un deber imprescindible para completar capítulos y aclarar dudas porque la tarea de los investigadores es obstrusa y casi anónima, exige noches de insomnio y tenaces cavilaciones. El asunto central de sus relatos era la fuga y la persecución en una angustia que únicamente terminaba con el descanso de la muerte, y mi ensayo había crecido hasta proporciones alarmantes como pústula infectada, intentando llegar al meollo, bucear sin lograrlo hasta el secreto de la concepción creadora. Y no estaba seguro siquiera del título que llevaría, quizá por carecer de datos fidedignos para desarrollar una teoría que me dejara satisfecho.

Desde mi hotel la llamé. El teléfono tuvo ocho, nueve repiqueteos y al fin oí su voz cuando me disponía a colgar pensando que no había nadie. Una voz cambiada por los años, recordaba el matiz crujiente y sordo de las hojas que yo había pisado en las cuatro o cinco tardes de mis recorridos parisinos otoñales, mientras maduraba algunas preguntas y la manera de eslabonarlas.

—¡Ah! Eres tú —me dijo poco entusiasta—. ¿Cuándo llegaste? ¿Quieres vernos? No hay inconveniente. Hemos permanecido como una isla mexicana en medio de la *ville*. Jamás tenemos compromisos. Convendría que vinieras a las siete. Cualquier taxista te traerá al XVI*éme. Arrondissement* y esta calle es archifamosa. Cenaremos en algún restorancito cercano, la mayoría son muy monos—. Y colgó según su costumbre sin esperar réplicas ni comentarios.

Me pareció lógico que viviera en un barrio habitado por millonarios y marqueses. Imaginé la decoración de su casa, vidrios tornasolados, objetos preciosos, búcaros ambarinos, lámparas esmaltadas tipo Tiffany, *secretaires* taraceados, esfinges, paredes cubiertas con muaré, ramos de lirios y hortensias, sillitas patas de libélula. Tesoros maravillosos que no apocaban las frases geniales, los diestros adjetivos que Irene encontraba, el vuelo artificioso de palabras que traducían sus imaginaciones contadas junto a las fogatas medievales, con el rostro chapeteado por el fuego, como si al llamado de su fascinación un territorio ignoto se transformara en algo inaprensible y deslumbrante.

Yo había hallado un hotelito cerca del Campo Marte. Caminé sus jardines y me detuve en el puente de la Torre Eiffel para contemplar la trayectoria del Sena.

El horizonte perfilaba la iglesia de Saint Pierre de Chaillot. En el atardecer se filtraban los últimos rayos y llegué hasta un puesto donde escogí una docena de tulipanes rosas. Exigí a la vendedora el mayor cuidado al seleccionar los botones envueltos en papel celofán que reflejaba cada capullo. Finalmente le indiqué la dirección a un chofer.

El frente del edificio conservaba la sobria armonía del entorno. Construcciones de cantera gris, balcones redondos, rejas nobles, mansardas que quizá fueron de teja marsellesa. La portera me indicó con mal talante una puerta del tercer piso. A medida que escalaba la curva escalera de mármol bordeada por su barandal *art nouveau,* percibí un aroma ácido parecido al amoníaco, más penetrante frente al timbre.

Abrió personalmente vestida con un suéter negro ajustado. Me faltaban datos para reconstruir su imagen evanescente, a pesar de la memoria, los recortes de periódico y los retratos; pero estaba seguro que en el momento de nuestro nuevo encuentro llevaría su collar que nunca se quitaba y que había acortado desengarzando algunas perlas para dejarlas en manos de tenderos, gerentes de hoteles caros y dueñas de fondas baratas.

No obstante las imprecisiones, la recordaba así, en aquel instante: nimbada, esbelta, aún sin canas. Solamente en el borde de sus ojos tenía un cerquillo rojo y al fondo de la pupila algo nostálgico, evidencia de que los años pasaron dejándole hondas tristezas. Al mirarla pensé que nuestros amigos revelan cualidades de espejo; sin embargo, apenas hubo tiempo para reflexiones. Me franqueó la entrada con un ademán amplio y una sonrisa. La abracé conmovido, le di las flores y sobrevino un fugaz desconcierto porque no sabía dónde ponerlas. Si el edificio era elegante y sobrio, el mobiliario del departamento resultaba desolador. Un hermoso armario de luna al frente contrastaba con varias cajas dejadas sobre el piso desde la mudanza y con un viejo baúl de broches oxidados, una mesa sin pata, dos sofás peludos y un *chaise longue* que abortaba resortes.

Sin notar mi sorpresa, Irene apagó su cigarro en un cenicero del Ritz olvidado encima de la chimenea. Cerca, don Porfirio movía acompasadamente la cola y me censuraba.

—¿Lo recuerdas? —me preguntó Irene—. ¿Verdad que es un personaje? Ningún pariente suyo, ni siquiera sus cuatro hermosos hijos, derriban la dictadura que supo fincar—. Y revisó en derredor buscando un recipiente para deshacerse del ramo que la incomodaba al restarle libertad de movimientos.

Su hermana apareció en el recuadro de la puerta con una sonrisa melancólica y una salvadora botella llena de agua donde colocamos los tulipanes para dejarlos en la mesa coja mediante un leño estabilizador. Ya entonces el tufo a orines del cuarto me producía horribles náuseas y sugerí salir hacia la noche fresca.

Irene y su hermana se pertrecharon contra el frío con dos magníficos abrigos de visón color champagne y la cena fue un catálogo de añoranzas y recuerdos diluidos a sorbitos por un Rosé D'Anjou escanciado hasta unas copas de tallo fino que el *maître* había revisado con exquisito esmero, una por una contra la luz de la bombilla.

—¿Escribes mucho? —pregunté cauteloso, disimulando mi deseo de recabar datos frescos para mis investigaciones y con el suficiente tacto para que mi invitación no pareciera un acto interesado u oportunista.

—Hace meses terminé la biografía de mi artista cinematográfica favorita. Me entretuve haciéndola el mismo tiempo que llevas en tu bendita tesis doctoral. Junté los datos durante estos treinta años que pasaron desde que abandonamos México. Eras un muchachito y ahora estás en la edad madura, con canas en las patillas —dijo Irene y continuó fiel a su manía de abordar varias cosas a la vez—. Además, acabé dos o tres novelas, me ocupo de una obra dramática a la que no logro darle forma y, por supuesto, redacto mis memorias. Ahí aclararé algunos asuntos. Mi baúl antiguo está lleno de manuscritos que don Porfirio y su familia guardan celosamente para la posteridad, cuando alguien se ocupe de mi exhumación—. Y le dio un tono sarcástico a las últimas palabras.

Se me cortó el aliento. Pensé que resolvería mis dudas si me permitieran revisar esos papeles un par de mañanas y mi tesis tendría una autoridad incuestionable. Pero los felinos son crueles, fijan en uno sus pupilas y escudriñan las ambiciones más soterradas, y estaba seguro de que don Porfirio era un enemigo al que quizá sólo vencería tirándole desde lejos pasteles envenenados, como en los cuentos infantiles donde los pretendientes de las princesas distraen dragones y monstruos nocturnos siguiendo consejos de espíritus protectores; sin embargo creí que mis ángeles benéficos se presentaban sobre el blanco mantel, en el vino que animaba mi timidez.

—¿Sabes, Irene, que a los gatos se les atribuye comercio con el diablo por su amistad con los magos? —pregunté.

—Para mí son talismanes, instrumentos sagrados, porque se me parecen. Han padecido persecuciones injustas—. Y soltó una risita algo burlona y su hermana asintió.

Advertí que durante toda la noche no se había reído como antes, cuando celebraba su propia impertinencia, la gracia que le otorgaba su aureola desvaída. Y observé además que hasta entonces la hermana había sido el convidado de piedra. Eso curiosamente me estimuló y solté mis preguntas capitales, torpedos que intentaban sobresaltar a un submarino.

—¿De qué huyes, Irene? ¿Quién te acosa? ¿Qué te impide regresar?

—La maldición gitana, hijo —repuso bromista y ceceando—. ¿No te das cuenta? Vivo de milagro gracias a la protección de mis guardianes. Y respecto a tus otras preguntas, creo habértelas contestado hasta el cansancio. Lo explico en mis cuentos y en mis cartas te relaté los incidentes que me permitieron escribirlos.

Quise argumentarle que nunca lo había hecho sin subterfugios. Sus textos se plagaban de ambigüedades deliberadas. Sin permitírmelo, prosiguió cortante:

¡Claro! Cómo entenderías que las cosas importantes cuestan mucho, si no comprendes mi literatura ni eres buen corresponsal. Andas por la vida con una incapacidad espantosa para darte cuenta que a los brujos ni las hogueras nos extinguen. Nos reproducimos por generación espontánea y a veces por partida doble—. Y la hermana volvió a mover la cabeza cómplice.

—Leo cuanto publicas y guardo tus cartas amarradas con cintas como si fueran de una novia lejana y amadísima— me defendí indignado.

Irene me interrumpió inesperadamente coqueta: —La edad te sienta. Eres menos guapo; pero más chic. Me preguntó si había visitado la exposición sobre Víctor Hugo de L'Orangerie. Y pasó su mano sobre el borde de la copa dos o tres veces suavemente, la cubrió con la palma y al voltearla descubrió un angelito de ojos inquisitivos que revoloteó entre los platos y se fue esfumando ante mi asombro.

Pedí la cuenta y regresamos a pie. Después de las doce no transitaban por el rumbo sino Lancias, Mercedes Benz, Citroëns, y nosotros no teníamos siquiera escobas o tapetes voladores.

136

Al abrir la puerta encontramos un espectáculo maravilloso. La sala había sido tomada por una milicia gatuna. Dueños de la plaza, los capitanes permanecían arriba del armario, los soldados rasos en los rincones. Mis tulipanes yacían destrozados en medio de un charco sobre la mesa chueca. La botella había rodado al suelo y don Porfirio comandaba la acción. Trepado en el baúl me miraba ferozmente. Irene avanzó hacia él y lo tomó en brazos.

—Pobre centinela fiel de una hechicera —le musitó en sus orejas picudas acariciándole el lomo.

Sin inmutarse, la hermana encendió un cigarrillo y me ofreció otro aunque jamás he fumado. Irene tiró descuidadamente su abrigo que cayó al revés en uno de los asientos. El terso raso del forro invitó a don Porfirio, quien saltó encima con la saña de sus uñas afiladas. Me pareció una iniquidad y traté de impedírselo; pero Irene me detuvo.

—Deja que se divierta, inocente criatura. Es inofensivo con su vejez a cuestas y nuestra compañía constante en este largo destierro. Resulta un prodigio de conservación; tiene más años que las pirámides de Egipto.

Y don Porfirio dialogó con ella ronroneando. La hermana encendió otro cigarro y volvió a ofrecerme. La peste a orines de gato aumentaba por segundos. Sentí las lámparas verdes de don Porfirio sacándome una radiografía en una atmósfera nublada. Las figuras del salón se tornaron unas siluetas lentamente distantes; menos Irene que se acercó moviendo sus dedos como prestidigitadora y de mi oído izquierdo sacó una moneda de oro con la que pagué mi boleto de regreso.

# Ultimos títulos

# DATE DUE

| | | | |
|---|---|---|---|
| | | | |
| | | | |
| | | | |
| | | | |
| | | | |
| | | | |
| | | | |
| | | | |
| | | | |
| | | | |
| | | | |
| | | | |
| | | | |
| | | | |

GAYLORD 234                                    PRINTED IN U.S.A.

# INTERVIEW FITNESS TRAINING

## A Workout with Carole Martin

## THE INTERVIEW COACH

Interview Publishing
1-877-647-5627
www.InterviewCoach.com

4th Edition

ISBN 0-9709012-0-8
ISBN 0-9709012-1-6
ISBN 0-9709012-2-4
ISBN 0-9709012-3-2

D1153818

# INTRODUCTION

As with any workout/fitness training you must make a commitment in order to improve your skills. The exercises in this book will be more effective if you are willing to put in time and energy and take an active part in the process - to build up your interview muscles.

The interview is a type of performance, or presentation. You will need to do some preparation and have a rehearsal. You will need to put forth effort into your exercises to become a stronger presenter. The goal is to be prepared and natural.

If, after doing the exercises, you would like to practice with a professional, I will welcome the opportunity to work with you. If you have any questions regarding the exercises or book content, feel free to call my toll free number at 1-877-647-5627.

This workbook will

**help you**

- focus on your strengths and what you have to offer a company
- prepare your success stories to answer those difficult behavioral questions, e.g., "Tell me about a time..."
- script your answers to difficult questions
- have a stronger impact on others

**give you**

- more power in the interview process
- confidence and a feeling of being prepared
- methods to answer questions effectively
- the mind-set to be more selective and in control
- skills necessary to negotiate a better offer
- permission to not get an offer after every interview

Now, let the workout begin!

# TESTIMONIALS - WHAT PEOPLE ARE SAYING

**Jennifer Robin, Image Consultant**
**Author of <u>Clothe Your Spirit</u>**
Carole Martin's positive approach makes the interview process seem like fun. She has a special gift for making each reader feel worthwhile. Her book is utterly professional and very helpful.

**Reviewer Kim Draper, BookReviewClub.com**
The night before the interview we all have the same feeling in the pit of our stomachs, dread. Yes, that is the word for it. No need to have all those feelings anymore, Carole Martin has written a wonderful book on learning how to trample the interviewing anxiety bug. This is a very in-depth book that can teach you how to breeze through a job interview with flying colors. She teaches you how to release your anxieties, relaxation tips, and how to learn from your past interview mistakes. But Ms. Martin does not stop there. She actually teaches you how to market the product, and that product happens to be you. You are the product, and you are trying to sell yourself to the interviewer so they will hire you.

This is one book that all of us need to read at least once. She has valuable tips and question-and-answer sections for the beginner to the novice interviewee. Take the time to read this one today, you never know when you might need it.

**Reviewer Warren Thurston, eBook Reviews Weekly**
All people seeking employment can learn how to improve their interview skills. Techniques are available that will help to improve their prospects of getting jobs. Carole Martin's book is an excellent source to guide people in the right direction.

**A reader from Colorado Springs, CO**
I've been through many interviews. This workbook hits all of the important points, reviews the obvious and gives new tips and ideas to help get the job. I've aced my interview because I followed Ms.

Martin's advice. I like her real-life scenarios and humor. I highly recommend the book.

### A reader from Carlisle, PA

Takes the guesswork out of the interviewing process. I have always been afraid of interviews, but now I have no doubt I can get the job I want! Made me completely confident in myself, I may surprise a lot of interviewers now that I know what they expect. Great book!

### Thank you from San Diego, CA

I just returned from an interview with the federal government and can't thank you enough for all your help. I purchased the manual three days before as a "last attempt" to feel secure, and it really put me at ease about the whole situation...how to relieve that fear, prepare, etc. I nailed it!

### New VP Jeff B.

I met Carole after reading an article in which she was interviewed. I did some due diligence and was comfortable working with her after verifying her media credentials. I was able to see that she has been an authority on interviewing for many reporters and journalists. When I initially contacted her, she spoke with me at great length about my situation without any money or commitment on my part. This made me very comfortable. She sent me several emails with worksheets to prepare for our mock interview. The exercises were extremely helpful. I then had a one-hour session with her via telephone where she interviewed me, and we listened to it and critiqued it.

I have never been concerned about an interview, but this position was for more money than I had ever earned before, so I was a bit nervous. After our session, I asked Carole if we should get together again before the interview to make sure I had really nailed down my responses. She said that it was not necessary and that I was plenty ready for this interview. That made me very confident, knowing that she could have easily billed me for another hour, but instead she said I was ready. I flew out three days later for my interview and heard back one week later that I not only got the job, but also the territory they had previously insinuated I probably wouldn't get, plus a signing bonus that was not previously on the table. Seeing they had upped the ante beyond the originally discussed salary without being asked, I decided to counter their offer, and they responded with even more money in less than a day.

I highly recommend Carole to anyone who wants to greatly improve their chances at landing a new position.

# TABLE OF CONTENTS

## PART TWO

# PART ONE
# INTERVIEW ANXIETY

# EVERYBODY GETS NERVOUS

## It's OK To Be Nervous

It would be nice if your heart didn't palpitate, your hands didn't sweat, and your mouth didn't go dry, but most people, even executives, experience one or more of these symptoms when they interview. But here's the good news: it's OK to be nervous. Let me repeat that. It's OK to be nervous, and it is essential for you to accept the way you feel.

It is very unrealistic to tell yourself you should be different from the way you really are. It just makes you feel worse about yourself. By shifting your thinking to self-acceptance, you feel more in control and more confident almost immediately.

## What's the Worst Thing That Can Happen?

For many people the worst thing that can happen is "rejection" - not getting an offer. It is a common fear. Who wants to be rejected? It's much more desirable to be the "rejecter," the one to say, "No thank you. I don't think I'll take your job offer." Did you ever think that maybe that job wasn't right for you? That maybe you weren't being objective about the process? That you just wanted an offer - to be accepted? Try to look at the process from another perspective: as a learning experience.

## Face the Fear

What is making you feel nervous? What is it you fear? If one of our greatest fears is rejection, and one of our greatest needs is acceptance, going through the interview process is like walking on hot coals.

According to author Susan Jeffers, Phd. (<u>Feel the Fear and Do It Anyway</u>),

*"The only way to get rid of the fear of doing something is to go out... and do it."*

*"The only way to feel better about myself is to go out... and do it."*

## Some things are out of your control - don't take them personally.

---

 **An Interviewer's Story**

Conducting interviews for an accountant position, and working with the accounting manager, I found a woman I thought was a wonderful match for the position. I sent her forward to meet the manager.

The manager contacted me later that day. I inquired about the candidate. She replied, "I liked her." She then said, "But I'm not going to hire her!" I was taken aback. "Why not?" I asked.

"Because she looks exactly like my aunt. And I hate my aunt. And I could not come in here every day and look at her face!"

That candidate was rejected, not because of anything she did or didn't do, but because of a strange circumstance.

---

*[handwritten notes:]*

✳ — Only 2 ways to get really good at Interviewing
1) Do lots of Interviewing
2) Enter a coaching program
3) Buy a course + coach yourself

# ✓ WHAT PAST INTERVIEW EXPERIENCES CAN YOU LEARN FROM?

## Facing the Fear

*"Last time I wasn't prepared, and I just tried to wing it. This time I'm going to get my act together and prepare and practice."*

*"I was caught off-guard when I was asked what I was looking for in the way of a salary. This time I've done my research and home-work, and I'm going to be prepared."*

---

**EXERCISE**    **Releasing Anxiety - Name Those Fears**

Spend some time thinking about and identifying your anxiety. Write down your issues, or answer the questions below. Write anything else that makes you nervous. By looking at what is making you feel anxious, you can begin to deal with the "monster" and begin to practice accepting your feelings or changing your thinking.

What do you fear most about the interview?
What's the worst thing that can happen?

What questions do you fear?

---

What are your biggest stumbling blocks?
Difficult questions?

Have you had past successes with interviews? What went right?

What didn't go so well?

What do you want the interviewer to know about you?

Your strengths?

What do you want to soften or avoid?

Are you concerned only about the end result of the interview or are you checking out the company as well?

# RELAXATION TIPS

## Breathing  /Meditation

Relaxation needs to be practiced long before you enter the interview. Try this easy breathing technique to relax.

Breathe in through your nose, filling your stomach with air. Hold for a few seconds and then exhale through your mouth, making a swooshing sound. Repeat again and again until it becomes a natural response to release tension.

Practice this anytime you want to let go and relax or are feeling tense. You could even do it in a quiet manner while waiting for your interviewer.

Yoga, meditation, and relaxation therapy are other great ways to learn how to relax and gain control.

*Our greatest fear is that we will*
*not be able to cope.*
*It's OK not to get an offer.*

## Damp Hands

The interview almost always begins with a handshake. "Hello, I am Susan Cook," says the interviewer, and she extends her hand. It is now your turn to extend your hand in return. But your palm is damp.

Should you:

A. Quickly wipe your hand on the side of your pants or skirt?

B. Stick out your damp hand?

C. Keep your hand to yourself?

None of the above is very desirable.

## Try These Tips:

1. Arrive at the interview 10-15 minutes early (always a good idea - NEVER LATE!).

2. Go to the rest room and run cold water on the insides of your wrists for a few minutes, and breathe - relax. In the case of cold hands, try running hot water to warm your hands. The insides of your wrists are very temperature-sensitive. This remedy can last up to half an hour. Try it and see if it works for you.

3. Anti-persperant gel deodorant can be used like a hand lotion on your palms. People have reported that their hands stay dry, soft, and smell good. (Try this tip before the interview day to see if it works on your hands.)

## Firm Handshake

It is important that your grip demonstrates confidence. A firm handshake, not a bone-crushing grip, will indicate self-assurance.

Reach your hand out palm sideways and grip the hand, web to web. Try it, you will see that your hand closes over the palm of the hand. When you squeeze the fingers, it can hurt, especially if you are wearing rings.

*Re-write*

## Seven Steps Toward Making a Good Impression

1. Appearance counts. When you look good, you feel good. Make sure you look groomed and neat. Check odors (good and bad). Too much cologne or perfume can be a real turn-off.

2. Your clothes and accessories should be conservative and neutral. Your clothes are your packaging and should not take attention away from you as the product.

3. Non-verbal communication sometimes conveys a stronger message than verbal communication. Sit or stand up straight (like your mother always told you).

4. Eye contact and smiles can indicate a confident and upbeat attitude. This is a good opportunity to demonstrate your social and interpersonal skills.

5. The handshake sends a strong tactile message. Your grip should be firm (show some sign of life - even men with women) - but not bone-crushing.

6. Your voice and the volume of your speech convey a strong impression. Whether it is a phone interview or a face-to-face interview, it is important that you speak with enthusiasm and energy.

7. Your vocabulary reveals your communication skills and ability to interface with people, especially people you've not met before.

When you get off on the right foot, the interview will flow easily. This is one impression you cannot leave to chance.

According to studies done over the years, people evaluate one another using the three "V's" –

55% Visual (Your appearance)

38% Vocal (Your voice)

7% Verbal (What you say)

## Worst Case Scenario

*Marilyn is nervous about her interview as she sits in the lobby. Anyone watching can see the signs - her foot is tapping rapidly, she is muttering to herself (obviously rehearsing her lines), and she is slouched down in her chair. When she spots the interviewer coming down the hall she stands, but as she does the magazine on her lap falls to the floor. When she bends to pick it up, she knocks over her portfolio and papers fall out. The interviewer stands to the side observing her behavior. He is thinking to himself, "This woman is a basket case. She doesn't look like the kind of person we want representing our product line."*

When Marilyn does pull herself together, she holds out her hand, but her handshake is weak. This interview is already headed in the wrong direction.

# THE INTERVIEW
# AS A TWO-WAY PROCESS

## A Conversation    *Interactive / More Like A conversation*

Begin to think of the interview as a conversation - a conversation with a purpose. The interview should be two-way and interactive.

## *Instead of focusing on the end result, you need to learn to listen.*

### Missing Out on a Great Opportunity

What parts of your body are not used effectively in the job interview?

If you said, "Your ears," you are correct. Most people fail to "hear" what is going on in the interview.

If you think interviewing is only about answering questions, you've been missing the point. You've also been missing an opportunity to gather valuable information. Most people go into the interview thinking and worrying about how they will answer the questions, and they forget that they are there to find out about the job and the company. They forget to listen, observe, and read between the lines.

Here are some benefits you receive by improving on your listening techniques:

1.  You hear where the emphasis is placed by the questions asked, and general talk about the company.

2.  You begin to pick up clues from the conversation, so you can ask questions and ask for clarification.

Listening carefully and reading between the lines will help you to decide whether or not you want to work for this company, in this department.

When all you can think of is the answer that you will be giving, you miss a premium opportunity to garner information about the situation you are about to enter. Turn up your listening and intuitive skills. Read between the lines! You'll be surprised by what you hear.

*Some say →* ## *You are interviewing them as much as they are interviewing you!* (Not so / True)

"I always thought of myself as a goalie at a hockey game when I interviewed. My job was to return those pucks - to be like the defense." Jim - Public Defender.

Wrong, Jim!

Your job is to listen and ask questions and to send some of those pucks their way. Find out if this is a good place for you.

### True Story

A young woman walked into an interview with an older man. He indicated to her that she should sit across from him at the desk.

He then proceeded to tilt his chair all the way back and put his hands behind his head (a very intimidating posture). He asked her, "So, why do you want to work for my company?"

She leaned forward in her chair and said, "Well, that's why I'm here today - to find out if this would be a good place for me to work."

The man sat up straight in his chair, looked her in the eye, and the interview continued, as two professionals having a conversation.

# INTERVIEWING WITH A CONSULTANT MIND-SET

## Tell Me About Your Problem

Interviewing with a "consultant" mind-set can help you. Take the time to analyze what the company is seeking, not just what is written in the ad posting or job description, but what it will take to get the job done, and done well!

Consultants listen and analyze the problem. They think of possible solutions to the problem.

Listening is the key. Most people like to talk and don't really listen well. Listen to what the interviewer(s) talk about; what is asked and what comments are made. Does the conversation revolve around the employees, the employees' work, the customer? This should give you clues as to what is the most important product and the company's values. What are the issues/problems? Do they have a mission statement? Is the statement relevant? Do you hear evidence of the mission being supported by the work?

Some interviewers will tell you more than others. Sometimes you have to read between the lines - not everything will be said. Use your intuition!

*It is important for you to*
*prepare questions to ask them.*

*see page 75*

## STORY True Story

The applicant was interviewed for 90 minutes by two interviewers. At the end of the interview, the interviewers asked if she had any questions. "Yes," she replied. "On a scale of one to ten, where does morale stand in this company?"

The interviewers looked at one other and replied, "A seven."

"So, there are some issues?" she asked.

"Yes," replied the interviewers.

"From the questions you asked me, it sounds like you two are very overwhelmed and need someone to come in and hit the ground running, right?" she asked.

"Yes," they replied in unison, "at last someone understands our problem."

"I can tell you that I have been there and done that, and there wasn't anything you said today that I haven't experienced before. I think I can make a difference from the beginning if you hire me," she said.

She got the job! She had listened to the problem and let the interviewers know that she understood the problem and was ready to be the solution. It was a win/win situation for every- one.

## The Equation:

**Employer** has a problem - work to get done, issues to deal with, problems to solve.

**You** may be the answer to the problem - you have the skills, background, experience, and attitude.

**Challenge**: to convince the employer that you can bring added value to the equation, to help with the problem.

**Solution:** A win/win for everyone.

$$\begin{array}{r} \textbf{EMPLOYER} \\[6pt] \textbf{+ YOU} \\[6pt] \underline{\textbf{− CHALLENGE}} \\[6pt] \textbf{WIN/WIN} \end{array}$$

*Sell yourself as
the solution to the problem.*

# THE PRODUCT – YOU

# WHAT DO YOU HAVE TO OFFER?

Most people say they feel really uncomfortable bragging about themselves. That figures, because we have been told since we were children, "Don't brag." But the job interview is not the place to become modest about your achievements. It is, in fact, the place to talk about them with pride.

## *Myth -*
## *"The Best-Qualified Candidate*
## *Always Gets The Job!"*

You have to create the perception that you are the best candidate. Saying "The best-qualified candidate always gets the job," is like saying "The best product always captures the market."

This is not always the case. Not only must the product be the best, but it must be perceived to be the best. Perception is the key. If you are best qualified but not perceived to be the best, you may lose your opportunity. Let the interviewer know you are the best qualified! If you can talk about your skills in a convincing manner, you are the one most likely to get the job.

A change of focus will help a lot in this area. Begin to think of yourself as a PRODUCT! When you are considering buying a product, you want to know what it has to offer. What do you have to offer?

One way to think about your skills is to divide them into three categories:

**Knowledge-based skills** – are skills learned through **Experience** or **Education:**

Computer Programs/Languages; Graphics; Writing Skills; Training Skills; Management Experience; Sciences: Chemistry, Biology; Coaching Skills, Sales Experience; Leadership Training; Project Management; Operations; Marketing; Event Planning; Policy

Development; Legal Expertise; Strategic Planning; Liaison; Mediator; Product Management; Research Skills; Business Acumen; Mechanically Adept; etc.

The next category of skills is known as **Transferable Skills or General Skills.** These skills are not necessarily taught in any classroom. They are learned skills through maturity, development and experience.

These can be the skills that set one candidate apart from the others. These skills are often considered as "non-essential" or softer skills. This is an unfortunate thinking because when examined a little closer they can be considered "added-value" skills and can also be essential to the success of the person's performance. In fact, most performance issues are around the "general" skills rather than the knowledge-based skills.

## Transferable skills

These skills can be thought of as "portable skills" in that you can take them with you to almost any job. They are broad-based and usually learned or acquired through experience:

Communication; Listening; Decision Making; Judgment; Initiative; Planning; Organizing; Time Management; Leadership; Work Ethic; Interpersonal Skills; Common Sense; Social Skills; Creative Ideas; Sees Big Picture; Analytical; Accountable; Reliable; High Standards; Resourceful; Action-Oriented; Intuitive; Problem Solving; Good With Numbers; Gets Along Well; Articulate; Handy; Artistic; Envisioning.

**Personal Traits** are the qualities that will determine a fit in the company, the department or the position.

**Personal Traits** – are attributes that define a person's **personality**:

Dependable; Strong; Team Player; Versatile; Patient; Friendly; Energetic; Formal; Loyal; Self-Confident; Dynamic; Practical;

Sociable; Persuasive; Responsible; Sense of Humor; Cheerful; Good Attitude; Aggressive; Assertive; Determined; Honest; Humble; Productive; Conscientious; Curious; Enthusiastic; Precise; Detail-Oriented; Compassionate; Efficient; Emotional; Rigid; Open-Minded.

## Standing Out From the Other Candidates

"How can you make yourself stand out when there are so many other candidates looking at the same job?" The answer is "focus" - focus on what makes you unique.

Let's assume that you have an outstanding resume and that you make it to the top of the stack of resumes of people to be called for an interview. You, and maybe nine or ten other equally qualified people for the position, that is.

Because companies have so many candidates to choose from, they are interviewing more people so that they can select the "best." When you are lucky enough to be invited to an interview, it is essential that you be ready to sell yourself, to let the interviewers know what makes you unique, what added value you can bring to the position. In other words, tell why you are the best person for the job.

By doing some basic preparation, you can determine your uniqueness and where you should focus your attention. The first step in this process is to identify your five strengths. These strengths are the areas where you do very well.

**EXERCISE**

# Identifying Your Five Strengths

This may take some thought on your part. What are your strengths? Think about previous performance appraisals. What was said or written about you? What would your co-workers or ex-bosses say about you?

- List the skills and experiences you have that would be required in the type of job you are seeking. For instance, a technical job would focus on programs, languages, platforms, etc.

- Give some thought to those skills in which you excel, those that are referred to as the "transferable skills." These skills can be taken with you to any job you hold. Examples of these skills are your communication and people skills, or your time-management and project-management skills, or your ability to build strong relationships, or your ability to influence others.

- Lastly, think of the personal traits that make you unique. Maybe you never miss deadlines, or perhaps you are willing to do above and beyond what is asked, or perhaps you have a great attitude. (Don't dismiss these traits--many people have been fired for negative personal traits rather than for lack of knowledge).

When you have identified your five areas of strength, make a list of those strengths and some examples of when those strengths have helped you achieve results on the job. It will be essential that you can not only identify your strengths, but that you also have examples and stories of times when you demonstrated those strengths in the past.

The next step is to look at the job postings and ads. In fact, look at several job postings that would be of interest to you. Your goal is to find key words and phrases. For this exercise, don't limit yourself to geographical location. Look at jobs of interest located anywhere.

When you have several postings, read each word and sentence carefully, taking notes as you do. What are they looking for? What words appear consistently in almost every posting?

In summary, by narrowing your uniqueness to five basic points, you can guide the conversation to include this information. By focusing on five strengths, you will be prepared with examples of times when you have used these strengths.

When you walk out of that interview room, your interviewers may not remember all five of your points; but if they remember even two of the points that make you unique, you will be ahead of the game!

Read the job posting three times.

- Read the first time for content.

- Read the second time for words – vocabulary. What words appear consistently in almost every posting?

- Read the third time and read between the lines - what would it take to get this job done? What are they looking for?

Now, take a piece of paper and divide it in half. On one side of the paper write, "**What they are looking for**," and on the other side, "**What I have to offer.**" Each time you apply for a position, it will be invaluable for you to know how you stand against what they are looking for. This exercise will help you see how close a match you are and where you should focus.

Your next step is to add your uniqueness to the "What I have to offer" list. Some postings will list additional skills required, which makes it easier for you to see what is important to them.

An example would be, *"Must have excellent communications skills, strong organizational skills, and be a willing team player."*

If these words appear in most of your posting examples, then make sure that these are a part of your focus.

Can you work these words and your five strengths into the interview to demonstrate your fit – and then some? It is your challenge to do just that to make yourself stand out in the crowd.

# NEW TOOL TO CREATE YOUR PERSONAL BRAND FOR THE INTERVIEW

There's an easy way to uncover what sets you apart from the crowd, uncover your arsenal of unique advantages, and form them into a powerful, impactful personal brand that will instantly launch you ahead of the competition and land you in your dream job.

All with the push of a button!

For the first time ever, I've taken the proven coaching process I walk my clients through to help them uncover the unique edge, unusual advantages, and extra benefits they have to offer employers and put it into a powerful, incredibly easy to use software that will help you unlock your own job winning edge with the push of a button!

In a matter of minutes, this software will walk you through my step-by-step personal branding process.

When you're done, you'll have a ready-to-use, completely custom tailored "cheat sheet" of interview answers - injected with your job winning traits and unique advantages that will instantly set you apart in the hiring manager's mind.

To help with your Personal Brand, visit www.JobWinningBrand.com.

### USE YOUR FIVE FINGERS TO REMEMBER©

- While you can't bring a "cheat sheet" into the interview – you can bring your fingers.

- Use your fingers as a "tool" to help you to stay focused.

- The thumb (strong base) education and experience;

- The pointer finger (directed) your expertise or knowledge of the job;

- The middle finger (to the point) your strength –transferable or personal;

- The ring finger (loyalty) people skills, communication, "whatever it takes" attitude;

- The little finger (weakest) personal/engaging/interesting about you – or how the combination of all these traits together makes you unique.

 **True Story**

One client told me she drew a picture of her hand. She wrote a single word in each finger of the drawing so that in the event that her mind went blank during the interview she could grab her hand and remember the one word.

**EXERCISE**

# What Makes You Unique?

Think about and write down the skills you have used in past jobs (only the ones you want to use in your next job). Name at least seven to ten in each category. What do you have to offer from your last job? From your previous jobs? From your education? From your volunteer work? From your life experiences?

**Identify Your Knowledge-Based Skills – skills you learned from experience and education.**

(Analyzing, Estimating, Coordinating, Negotiating, Organizing, Public Speaking, Mechanically Adept, Leadership, Counseling, Artistic, Computer Skills, Entrepreneurial, Design, Budgeting, Training, Project Management).

**List Your Transferable or Portable Skills – skills that will work in different industries and jobs.**

(Communication, Planning, Time Management, Problem Solving, Customer Service, Teaching, Coaching, Creative, Researching, Selling, Follow-Through, Resourcefulness, Attention to Detail, Skilled with Numbers, Innovation).

**Think About Your Personal Traits – the qualities that make you who you are.**

(Flexible, Friendly, Dependable, Good Attitude, Reliable, Calm, High Energy, Patient, Self-Starter, Organized, Easy to Get Along With, Quick Learner, People Skills, Goal Directed).

# MOTIVATION

## What Are You Looking For?

It is important that you think about what you want. Think about when you have been most satisfied with your career. Also think about when you have been least satisfied? Was your last job satisfying? What would you have liked more of? Less of? Take the time to give this exercise some thought. It could make a difference in your job satisfaction. How can you find the right job if you don't know what you are looking for? Hopefully, we learn from our past experiences – positive and negative.

Q.      When have you been most satisfied with your career?

Why?

A.      "That would have to be my last job where I..."

"The reason I was satisfied is because I was doing..."

 **EXERCISE**      ## WHAT MOTIVATES YOU?

Think about the various jobs you've held. Which were the best remembered? Which were those you would just as soon forget? If you can't think of jobs, think about projects. If you are a new grad, think of classes you've taken which have been of particular interest.

Answer the questions on the next page.

**1. When have you been most productive, ener-gized, and content with your work?**

Why?

How can you look for this in your next job? What questions can you ask to try to discern whether this is the place for you?

**2. When have you been least satisfied? Miserable? Unhappy? Hated going to work?**

Why?

What questions could you ask in the interview to try to find out more about the culture and the work environment at the company you are interviewing with? How can you avoid getting into a similar situation again?

## Matching Your Qualifications With Their Needs

When you read the ads/postings carefully, you will notice that there are some words included in every ad for your type of job. An example would be ads for an Executive Secretary where the word "confidentiality" appears consistently. If you were to apply for that particular position, you would want to be sure to include the word "confidentiality" in your resume and cover letter.

Read job postings carefully looking for the words that are repeated or stand out as being the most important factors to perform the job. These words are called the "key factors" or the key competencies required to do the job.

By practicing to identify key factors in job postings or ads that are of interest, you will begin to notice patterns. What are the common words used in almost every description? What are they looking for? What qualifications are listed? How do your skills match up against their requirements?

A good exercise is to take a piece of paper and write down the words that appear repeatedly. Notice the frequency of particular words. These "key factors" for the type of jobs that you are applying will become pertinent to your preparation for the interview. These words will also be an indicator to the interviewer that you know the "lingo." If they use industry words, you should include those words.

*Tweak your Resume to go
with the position.
See examples (see videos)*

*Note: Bonus Video?*

**EXERCISE**

# FIT? THEIR NEEDS - YOUR QUALITIES

Take a job description (a classified ad or job posting will work as well). Looking at the job description, compare the company's needs with your experience and qualities. How do you stack up? Where are your shortcomings? Can you show how you learn quickly or bring added value to the company from the start? Write some ideas in answer to the following questions:

## What Are They Looking For?
### (Key Factors)

## WHAT I HAVE TO OFFER
## (What makes you unique?)

EXERCISE

My hond Secret

—Take Notes on any unique words
The Interviewer Uses +
Include Them when you
Ask or Answer Questions

(Speak Their Language)

Do you have other qualities that will replace those required -years of experience vs. education? Do you fit at least 80% of the requirements?

## The Words You Use Send a Strong Message

The words you use to express yourself say more about you than you think. In fact, your vocabulary and the use of appropriate words say more about you than the message you are trying to communicate. You are judged by the words you use. When you are looking for a job, it is not only important to use the "right" words and language - it is essential.

It begins with the writing of your resume and continues in the way that you answer the questions asked in an interview. Each industry uses "key words" or "lingo" for each position. In order to be prepared, it will be important for you to research these words and use them appropriately. If you do, you will sound more knowledgeable and "in-the-know."

How will I know which words are "key"?

Key words are found in job postings/ads. For each position there are common words that describe what is required for a job. Job postings are a list of qualities and skills employers are looking for in a candidate, their "wish list."

Here is an example of common words used in postings for an Executive Secretary position: (six postings were used).

- "Confidential" (used in all six postings).

- "Ability to proofread and edit" (used in all six postings).

- "Excellent written and verbal communication skills" (used in four of six postings).

- "Organized, Attention to detail" (used in all six postings).

- Other words used included, "Discretion," Judgment," Self-starter," Scheduling," "Prioritize," and "Multi-tasking."

If you are applying for an Executive Secretary position, these are the key words to include in your cover letter and resume. Electronic resume scanners will seek out these words to select your resume as qualified for the position. If these words are missing, your resume may not be selected. These are also the words to use in the interview that will make you sound like someone who is a good fit for the position.

The right words can make a big difference in a single statement: more concise and to the point, more powerful and impressive. Finding the "key" words will make your statements more powerful. Speaking the industry lingo, you will be taken more seriously as a candidate worthy of a job offer.

## How will I know which words are "key"?

Each industry uses common words to describe what is required for a job. Descriptions are a list of qualities and skills employers are looking for in a candidate - the "wish list." By making use of this information and using key words you can reveal yourself as a match for the "ideal" candidate.

Specific industry "talk" differs from industry to industry. In the Sales industry words such as "territories" and "quotas" are used. In the Health Care industry the words are medically directed: "diagnostic tests, therapeutic procedures, patient management plans, etc."

### Where do I find these words?

- A good place to start is with job postings. Common words are used to describe the requirements needed for each job. By printing out several postings you will begin to see the "key" words repeated over and over. The only criteria for finding these words should be that you are interested in the job and not limiting your search by location. (http://jobsearch.monster.com/).

- The Occupational Information Network - O*NET™ OnLine - http://online.onetcenter.org/ - is a complete list of occupation keywords, SOC codes, Job Families. This site also lists skills required – basic skills, social skills, experience and tasks required.

Researching words will pay off when you begin to write your resume or prepare your interview script. Of course, you would never use a word just to impress your interviewer. Knowing the definition behind the word is what will convince the interviewer that you know what you are talking about.

# BEHAVIORAL INTERVIEWING - PAST BEHAVIOR, FUTURE SUCCESS

## You Say You're Good - Prove It!

Skilled interviewers use behavioral interviewing techniques to screen out candidates. But what does that mean?

In order to find experienced people, employers are asking interview questions based on past behavior as an indicator of future success. In other words, if you can demonstrate through examples, especially recent examples, that you've had success in certain areas at a previous time, you will be looked upon as a possible candidate for success in a future position.

*Past behavior is an indicator of future success - if you did it before you can do it again - good or bad.*

The questions asked in behavioral interviewing are different from traditional interview questions. A traditional question might begin with a statement like, "What would you do if..." You can use your imagination with that type of question and spin a tale.

Not so with behavior-based interviewing. An example of a behavioral question would be, "Tell me about a time when...," or "Can you give me an example...." The interviewer is looking for specific examples of how you handled situations.

Your tendency when asked a question like this might be to say, "I do that every day - it's what I do." But the interviewer using behavioral interviewing is looking for specific examples of how you performed. The interviewer might say, "Can you give me an example of a time when you handled a dissatisfied customer?" It is now time for you to tell your success story. Your stories should include the situation, what you did, the action you took, and the result or outcome.

Employers are looking for employees who have experience and skills. They are listening for examples of past successes and how you handled failures. Your examples will demonstrate your experience with people, your flexibility, and your willingness to grow with the job.

If the interviewer does not use this interviewing technique, you can still tell your stories when appropriate. As an example, you could say, "I'd like to tell you about my customer service experience that I think would be important in this job."

By preparing for the interview with an exercise recalling your past stories, you will be able to think of examples ahead of time and not be caught off-guard. There is nothing worse than going home after an interview thinking of all the things you could have said. Your stories don't necessarily have to be about paid work. Examples of volunteering, community work, or your education can also be effective. Try to make the examples specific to the type of position you are applying for, and be sure the stories are true stories. This is no time for fairy tales.

*You say you're a hard worker.*
*Prove it.*
*Give me an example.*

# YOUR SUCCESS STORIES

## Telling the Whole Story

Writing your success stories is the most important step toward interview preparation. The first step of this process is to determine which factors are crucial to the position for which you are applying. Look at a job description or a posting such as the one below, and determine what it would take to get the job done.

What crucial factors would you be looking for if you were recruiting for this job? What skills and traits would it take for success in this position?

---

**Customer Service Representative**

Seeking a self-motivated individual with professional communication skills. Must have customer service experience with the ability to work with internal and external customers using good listening skills. Knowledge of the Internet and MS Office products is a must.

---

Some key words in this ad that you may have identified are:

- – Communication skills
- – Professional Attitude
- – Listening skills
- – Self-Motivated
- – Customer Service experience
- – Computer skills.

The next step is to write experience stories around these factors. One of the easiest ways to prepare and remember stories is to use an acronym - **SPARE**. It's a lot like writing a story with a beginning, a middle, and an end.

**S**ituation, or **P**roblem. What is the basis of the story? State the situation or problem at the beginning of your story. It should be brief and concise. What was the situation?

**A**ction. What you did, your actions. (Beware of the pronoun "we." It can take away from your part of the action). This part of the story should include some movement and detail.

**R**esults. What was the outcome or ending to the story? (The end is an important part of the story, which a lot of people neglect to add.) The story does not always have to end in a success. Overcoming adversity and beginning again is also a trait that employers are looking for in a candidate.

**E**nthusiasm. Tell the story in an interesting way, adding details that bring color and interest to the story as though you were telling it to someone at a party (in professional language).

## Using a Success Story

An interviewer looking for a Customer Service Representative may ask a question like,

*"Describe a situation when you had to handle an angry customer and make a quick decision about the action taken."*

This would be your chance to tell one of your prepared success stories.

## Model Answer

## Situation or Problem

*"I can remember a woman who called and was yelling about a malfunction of a machine that had cost her an order."*

## Action – What I did was....

*"First, I listened very carefully; then I calmed her down by asking her to explain the details of the situation.*

*I then repeated the problem back to her and confirmed that I understood the problem.*

*I assured her I would call her back that day. I did some research on the problem and the dates and discussed the situation with my supervisor. I recommended that we adjust the customer's bill based on my findings, and my supervisor agreed."*

## Result

*"I called her back that day, as promised, and she was very satisfied with the adjustment. She even wrote an e-mail to my supervisor telling him about my excellent and professional customer service."*

## Enthusiasm

*"I really liked solving her problem. I felt like I had done something worthwhile when she thanked me and apologized for chewing me out."*

## What traits can you pick up from the story?

- good customer service

- communications skills

- listening skills

- follow-through

- initiative

- research skills

- problem-solving.

If you were recruiting for this position, would you be interested in this person?

# WRITING YOUR OWN SUCCESS STORIES – SPARE (PAR/SAR/KSA*)

Look at the job description or ad posting for the position you are seeking, and select the key factors - what it would take to get the job done.

Using the SPARE format, write at least 5-10 stories about each factor identified. Focus on the factors they are seeking and show them you have what it takes because you have done it before.

**STORY TEMPLATE**

**S**ituation or **P**roblem (20%)

**A**ction (60%)

**R**esult (20%)

**E**nthusiasm (+)

*When it comes to interviewing several acronyms are used to tell stories, some that you may have encountered in other books or training courses you've attended. They all refer to a beginning; a middle; and an end to your story."

# THE PREPARATION

# "TELL ME ABOUT YOURSELF"

## Where Do I Begin? Where Should I Focus?

The #1 question asked in most interviews is "TELL ME ABOUT YOURSELF" or some form of that question. "How would you describe yourself?" or "Tell me about yourself and your background and how it relates to this position."

**Beginning:**

Tell about your years of work experience - your most recent work, skills, and achievements - some of your knowledge-based skills and how you used them.

**Transition:**

Emphasize your transferable skills, your strengths. What do you have to offer? What can you bring to this position? What are your accomplishments?

**Current Situation:**

Describe what you're looking for now. What type of work have you enjoyed? What qualities have motivated you before and are you hoping to find again?

## EXAMPLE #1:

**Beginning:**

For the past six years, I have been in the electronics industry working on computer systems. Two years ago I was promoted to lead technician and currently supervise four testers and technicians.

## Transition:

My strength is problem solving. I take an analytical view of what is happening and work through the process by trying various solutions. I work well independently or as a member of a team. I have worked in fast-paced environments most of my life, and I am very goal-oriented and deadline-driven.

## Current Situation:

I am looking for a position as a lead or coach where I can effectively work with a team to bring in results that contribute to the bigger picture or bottom line.

# EXAMPLE #2:

## Beginning:

I am a person who enjoys problem solving. For the past six years I have been working on projects and problems involving software design. In my last position I was able to solve a design problem that had been around for more than a year. As a result, the company was able to sell a product that had been delayed for a key account for over $2 million.

## Transition:

I enjoy thinking "outside of the box" and coming up with new ways to look at old problems, either on my own or as a team member. Customer service and follow-through are skills I pride myself on. I have made some long-lasting relationships with customers by building rapport through trust. I enjoy making people feel special, no matter what size the account.

**Current Situation:**

It is important to me to do work that makes a difference, no matter what my role. I am looking for new challenges in the software industry. I'd like to find a place where I can bring what I have learned and apply it to new situations.

*This is a short personal statement – that you can use in a quick introduction to a person when time is of the essence. It is also commonly called "your elevator speech." It should take one minute or less to say.*

**EXERCISE**

# YOUR PERSONAL STATEMENT

Prepare a brief but concise statement that would take one minute or less to say. This is the oral version of a summary you might use on a resume.

**Beginning** - (experience - overall/recent)
Three sentences

**Transition** - (highlight your strengths)
Two sentences

**Current Situation** - (present - looking for now)

**IMPORTANT:**
Practice this statement until it sounds smooth, not stilted or rehearsed. Use a tape recorder or a coach to practice, practice, practice.

# Why Should We Hire You?

This is another broad question that can take you down the wrong road unless you have done some thinking about what to say ahead of time. This question is about selling yourself. Think of yourself as the product. Why should the customer buy?

**Wrong track –**

Spencer answers by saying, "**Because I need and want a job.**"

That's nice, but the bottom line here is, "What can you do for us?"

Mariana says, "**I am a hard worker and really want to work for this company.**"

The majority of people think of themselves as "hard workers" – and, why this company?

**Right track -**

Tom's answer to this question is, "**Because I am a good fit for the position.**"

Getting warmer – more detail, please.

Sharon answers, "**Because I have what it takes to solve problems and do the job.**"

This is the best answer so far. Expand on this and you've got it.

**Develop a Sales Statement.**

The more detail you give the better your answer will be. This is not a time to talk about what **you** want. It is a time to summarize your accomplishments and relate what makes you unique.

# Exercises

### Product Inventory Exercise

The bottom line of this question is **"What can you do for this company?"**

Start by looking at the job description or posting. What is the employer stressing as requirements of the job? What will it take to get the job done? Make a list of those requirements.

Next, do an inventory to determine what you have to offer as a fit against those requirements. Think of two or three key qualities you have to offer which match what the employer is seeking. Don't underestimate personal traits that make you unique – your energy, personality type, working style, and people skills.

### Compare and Contrast

Another exercise that can be quite helpful is the Compare and Contrast exercise.

What are the similarities between this job and the job you are currently performing (or past experience)?

What are the differences (shortcomings) between this job and the job you are currently performing (or past experience)?

You may be surprised at how many similarities there are between the jobs.

You may also find that the differences aren't as big as you thought they were.

## The Sales Pitch – You are the Solution

From the list of requirements, match what you have to offer and merge the two into a summary statement. This is your sales pitch. It should be no more than two minutes long and should stress the traits that make you unique and a good match for the job.

Example:

"From our conversations, it sounds like you are looking for someone to come in and take charge immediately. It also sounds like you are experiencing problems with some of your database systems.

With my seven years of experience working with financial databases, I have saved companies thousands of dollars by streamlining systems. My high energy, and quick learning style enable me to hit the ground running and size up problems rapidly. My colleagues would tell you I'm a team player, who maintains a positive attitude and outlook. I have the ability to stay focused in stressful situations, and can be counted on when the going gets tough. I know I would be a great addition to your team."

What makes you unique?

Completing an exercise around this question will allow you to concentrate on your unique qualities. Like snowflakes, no two people are alike. Take some time to think about what sets you apart from others.

"Never miss deadlines."
"Bring order to chaos."
"Good sense of humor."
"Great attention to detail."

Let the interviewer know that you have been listening to the problem and have what it takes to do the job – you are the solution to the problem.

# PREPARE FOR SALARY QUESTIONS

## *Don't be caught off guard!*

### Know the Market - Know Your Worth

"Could you tell me what salary you are looking for?"

"What are you currently making?"

"Your salary need is clearly out of our range. Are you still interested in pursuing the position?"

"Would you be willing to consider a cut in pay?"

Questions concerning compensation can be asked as early as a phone screening. A part of your preparation should include some work on how to answer the questions regarding salary before the interview even begins.

The rule here is, "Delay the subject of salary as long as possible." If you name a number this early in the process, you will set the line for future negotiations.

Tell your interviewer that you feel it is premature to discuss the subject of money until you have more information about the position and the responsibilities involved. Ask him or her, "Could you tell me the range budgeted for this position?"

### Research

It is important that you do your homework before you go into the interview. YOU MUST KNOW YOUR WORTH.

- What is the going rate for the position?

- Compare like positions, years of experience, responsibilities, region.

- Check out Web sites, associations, colleagues.

Think about buying a major purchase, like a car. What research process would you go through? Blue book? Check the classifieds to find out the going rate for the model and year? Check with mechanics? Read Consumer Reports?

The same process applies to researching the job and salary. Take some time before you go out to buy.

**Web sites with salary information:**

http://www.salary.com
http://www.jobstar.org
http://www.salaryexpert.com
http://www.wageweb.com

For more Web site resources sites see Page 151.

## Know Your Bottom Line

What is the lowest salary you are willing to accept (no matter how terrific the job!)? Do some calculations. Figure out what you want and what you need to maintain your current lifestyle or to improve your current lifestyle. Know when you have to say, "No, I can't accept the offer at that salary." See exercise "Figuring Your Bottom Line" on the next page.

**An Interviewer's Story**

A client of mine was interviewing for a position in the high tech industry. When he was interviewed by the CEO, he was asked, "What do you want in the way of salary?" His interviewer told him it was not his policy to play games about salary.

The man answered, "Somewhere between $50,000 and $60,000."

He called me to say he had received an offer from the company for $60,000. "Good for you!" I exclaimed. He said, "No, I did some research and found out with my credentials and experience I am worth $70,000."

"So why did you say $50 to 60 thousand?" I asked.

"Because they caught me off-guard," came his reply.

EXERCISE

# FIGURING YOUR BOTTOM LINE

What Do You Need to Keep Up Your Current Lifestyle?
To Improve Your Lifestyle?

| Fixed Monthly Expenses | NEED | WANT |
|---|---|---|
| Rent/Mortgage Expense | | |
| Utilities (Gas, Electric, Water) | | |
| Telephone | | |
| Insurance (Medical, Life, Home, Auto) | | |
| Loan Payments | | |
| Credit Card Payments | | |
| Cellular Phone Bill | | |
| Internet Provider | | |
| Other | | |
| Other | | |
| **Fixed Monthly Total** | | |

| Variable Fixed Expenses | NEED | WANT |
|---|---|---|
| Transportation | | |
| Food | | |
| Clothing | | |
| Personal/Household Items | | |
| Entertainment | | |
| Expenses/Recreation | | |
| Travel/Vacations | | |
| Education | | |
| Professional | | |
| Memberships/Dues/Meetings | | |
| Savings/Investments | | |
| Medical/Dental Care | | |
| Taxes | | |
| Charitable Donations | | |
| Gifts | | |
| Other | | |
| **Fixed Monthly Total** | | |
| **Fixed Monthly Total** (from previous page) | | |
| **WHAT YOU NEED/WANT TO EARN** | | |

# Dealing with Salary Questions During the Screening

Can you imagine meeting someone for the first time and asking the person: "What do you expect in the way of salary?" That is exactly what happens more often than not in the interview process.

What do you do when the interviewer asks you the question, "Could you tell me your salary requirement?"

Here are some sample answers to fend off the question.

*"I'd be glad to talk salary at the appropriate time, but I really don't have enough facts at this time to discuss salary. I would be interested in hearing what the range budgeted for this position is."*

Or, you could say:

*"Throughout my career I have never found two jobs to be exactly the same. I think I'd be putting myself at a disadvantage if I put out a salary number without knowing what was going to be expected of me.*

*Maybe you could tell me what you typically pay someone with my education and years of experience to do this job?"*

If the representative pushes for a "ball park" or "what you are making now," you could say something like:

*"I've done some research and I can tell you that an acceptable range for someone with my years of experience and education is (name a range). Is this along the lines of what your company pays?"*

By being prepared you will change your position and you will not feel like your back is up against the wall. You will be able to talk "ranges and going-rates" – and not fear revealing your hand or losing out on a "better offer."

But, what if the representative is having none of your vague answers and pushes you for your "current" or "last salary?"

This is another situation where you have options. You could –

- Give them a number – your base salary - (big mistake)
- Give them a number – factoring in your current benefits/bonus package – (better answer than giving them your base alone – the entire "package")
- Try to postpone the answer to a later date or give them a range. (the best of the three options)

Here are some possible answers.

*"I'm sorry but I'm just not ready to talk salary without some more information from the company and what the job will entail so that I have something to compare with. Rather than go back and forth, the range I would be interested in is $ ---to $-----."*

*(Make sure that it is a wide range and that the bottom number is acceptable in case this number ends up to be the offer.)*

Or, you could say something like:

*"The base salary that I received in my last job was combined with an extremely generous benefits package and bonuses, I would have to hear the details of the package that you offer in order to compare."*

> Use your own words.
>
> Take time to script some possible answers that you would feel comfortable with if asked this type of question in a screening or interview.

*Take time to script this answer before you receive the call. You should feel comfortable answering this question in your own words.*

## The Negotiation Dance

One step forward; one step back; step together, and back again.

To perform the dance steps you must have a good sense of balance. Knowing your value and your worth will help you feel more confident about staying in step during the negotiation process. The employer takes the lead and you follow, staying with the rhythm. You move together through the process; aware of the other, taking care not to step on one another. The dance is never confrontational or harsh, but smooth and in harmony.

## It Begins

It is not uncommon for the first step to begin on the phone. The interviewer asks for your salary requirement, or what salary you are currently making.

You take a step back and try to postpone this discussion until you have more information.

"Could you tell me the range budgeted for this position?" Or, "What would you typically pay someone with my background and experience?"

Postponing the salary discussion is the best step for you, at least until you have the information needed. By doing research ahead of time, you will feel confident knowing your worth. (*See*, http://salary.monster.com.) There is a point when the range, or your expectations, will be revealed, but it is better to wait for the interviewer to lead and give out the information first.

# The Offer

If the employer determines that you are right for the job, they will take the lead and make an offer. It is now your turn to move the dance to the next stage. But, first you must evaluate the package. Take into consideration the –

**Base rate** (always the top priority) – timing of annual reviews;

**Alternative compensation** – bonus, commission, stock options, profit sharing;

**Benefits** – premiums for insurance, paid time off, matching, working conditions;

**Other perks** – car, education reimbursement, training, laptop computer.

Basic calculations will tell you how closely the offer meets your needs, values and worth.

The Negotiation Tango

You call the hiring manager and tell her how delighted you are to receive the offer, however you have some questions and concerns. Scripting your dialog ahead of time will give you confidence to be succinct regarding what you want.

"Based on my eight years experience in this industry, my MBA degree, and my proven ability to raise funds, and build teams, I feel that the base rate offered is low. Is there any flexibility here?" you ask.

In stride with you, the hiring manager asks what you have in mind. And, because you have done the pre-work, and know your value and worth, you are able to sell yourself based on what you will bring to the company.

"Based on the research I have done, I feel someone with my experience and background should be in the upper level of the range we have been discussing."

Hold your position - count to 10. Silence is a strong tool in the negotiation. She waits through the silence and then tells you she will get back to you. She is in sync with your movements – she wants you in this position. You've presented your case well.

## The Final Steps

Whether you are negotiating for more money, or for some other perks: benefits, a bonus or commission, more stock options, training or education - the rules remain the same. Let the employer lead and you follow, maintaining your own sense of balance. By preparing and researching ahead of time, you can feel more empowered in this process – as a partner in a dance – moving with the flow. The rhythm of the negotiation should be smooth, moving toward the final step – acceptance and agreement – a win/win situation for all.

## On-the-Spot Offers

What if they make me an offer and want an immediate decision?

Some employers make on-the-spot offers. It is always a good idea to take time to think the offer over. Once you have accepted, it is too late to negotiate any terms of the agreement. If pressed for a decision, tell the employer that you have a personal policy of taking 24 hours to think over major decisions.

**STORY**

# Negotiating the Offer

NOT ALWAYS AS GOOD AS IT LOOKS —Take some time to evaluate the offer.

Have you ever negotiated an offer? If not, you are not alone. Most people DO NOT negotiate salary. They accept what is offered.

Nicholas received an on-the-spot offer and was thrilled. This was the job he wanted and he was anxious to get started. He was going to get more money, and a bonus. What more could he ask for?

When he got home that evening, he sat down with pencil and paper and began to evaluate the offer, and what he was getting overall. He was not only shocked by what he discovered, but wished that he could go back and talk about some of the issues. But, he had signed on the "dotted line" that afternoon.

Once you sign the offer letter, you have essentially signed a contract. It is too late to go back and negotiate. Never accept an on-the-spot offer, unless it is absolutely out-of-this-world. It is generally wise to evaluate what you are gaining and losing.

Nicholas was offered $55,000 per year, with a hiring bonus of $5,000 paid in two payments over the next six months. This was a $5,000 a year increase from what he was making on his last job, and a bonus to boot. An extra $10,000.00.

When he and his wife looked over the benefits package they discovered that he would now have to pay the insurance premiums for his dependents. His last employer had paid the premiums for the entire family.

-$350.00/per month - $4200 per year

His new vacation package offered two weeks time off, accrued over the next twelve months. His former Bonuses are earned based on performance, and given as judged appropriate.-$962.00 one week's vacation pay.

Nicholas was receiving a 6.5% yearly bonus, based on company earnings in his last position. His new company does not have a planned bonus as part of the salary. Bonuses are earned based on performance, and given as judged appropriate.

-$3250.00 per year – lost bonus

His former employer matched 50 cents for every dollar contributed up to 6% on his 401K account. This company does not match funds. -$1500.00 per year (based on 6% contribution).

His calculations showed a minus of $10,000 a year from his new offer, based on cost of insurance premiums, lost bonus, and lost matching 401K contributions. He wasn't quite so thrilled with the offer anymore.

At least he got that $5,000 hiring bonus, which will cushion the fall. What he didn't anticipate was the higher tax rate on "special" checks that was deducted from the bonus money. These higher rate taxes can run as much as 41.5%.

Nicholas got the job he wanted, and maybe that is worth more to him than the money difference. But, it would have been wise to make the decision with all the facts before signing the offer letter. He may have been able to negotiate another $5,000 to compensate for the benefits differences. Or, given the higher tax rate, negotiated for an increase in the hiring bonus.

It is always best to take some time to reflect on the "total package." Benefits can be worth another 29-50% of your salary. There are other factors to consider – more challenging work, better company, more opportunity – and, it may be worth giving up dollars now to invest in your future. The decision, however, should be thought through before rushing ahead.

If pressed to give your answer to an offer on-the-spot, always stall for time. Tell them that you need to do some calculations and think about it. There is only one window of opportunity to negotiate your terms of employment. Once you say "Yes!", the window closes.

Make sure you take the time to consider all your options

# HOW TO DEAL WITH DIFFICULT QUESTIONS

## The Most Dreaded Question of All

There is a formula for difficult questions called the Sandwich Technique. *(STUCK)*

(+) Begin with a positive statement

(-) Slip in the negative (or weakness)

(+) End with a positive statement

**Q:** WHAT ARE YOUR GREATEST STRENGTHS AND WEAKNESSES?

**A:** (+) My strengths are my energy and enthusiasm. I have a proven track record for working above and beyond what is asked of me.

(-) My weakness is that I get impatient when I don't get the data I need to do my job because someone else didn't meet a deadline.

(+) I continue to work on stronger communication skills so that I can deal with and understand people who don't have the same work ethic.

This answer works because we can all work on our communication skills, particularly when it comes to being understanding of someone who is not pulling his/her weight. This is not the time to reveal a time-management or planning problem. Think of something you would like to improve about yourself. Be careful of sounding like a workaholic or a perfectionist – and always have a story ready (SPARE - page 37) to back up your statements.

# ANSWER WITH A SANDWICH

**EXERCISE**

What is your greatest strength/weakness?
Practice writing out your answer - be sure to sandwich the negative with an emphasis on the positive.

**(+)**

**(-)**

**(+)**

# Dear Interview Coach

**STORY**

An email was received that read:

Dear Interview Coach,

I don't know what to say when asked, "What are your weaknesses?" I don't have any weaknesses.

The reply:

Dear God,
We all have weaknesses!

## 10 MOST CHALLENGING JOB INTERVIEW QUESTIONS and ANSWERS

There is no way of predicting which questions will be asked in an interview, but by reviewing the "most common" questions you will begin to focus on how to present yourself in the most positive manner.

**"Tell me about yourself."**

**"Why are you leaving your current/last job?"**

**"Why do you want to work here – in this company? In this industry?**

**"What are your strengths?"**

**"What are your weaknesses?"**

**"What are your goals?"**

**"Tell me about a time when you......"**

**(the interviewer can ask you for an example from your resume or from something you said about yourself.)**

**"What would you do 'if'?" (These are questions about how you think.)**

**"What is your salary requirement?" "What is your current salary?"**

**"Do you have any questions for me?" (the interviewer)?**

**"Just for fun --- "If you were an animal, which one represents you best?"**

### 1. "Tell me about yourself" --- or "Why should we hire you?"

Prepare and know your product – YOU! Summarize your experiences: "With five years experience working in the financial industry, and my proven record of saving the company money, I could make a big difference in your company. I am confident I would be a great addition to your team."

### 2. "Why are you leaving your current/last job?"

This question is almost a certainty. If you are unemployed, put your leaving in a positive context: "I managed to survive two downsizings, but the third round was a 20% reduction in force, which included me."

If you are employed, focus on what you want in your next job: "After two years, I made the decision to look for a company that is team-focused, where I can add my experience."

### 3. "Why do you want to work here – in this company? In this industry?

The interviewer is listening for an answer that indicates you've given this some thought, and are not sending out resumes just because there is an opening. Doing research should give you plenty of reasons about why you want to work there. As an example, "I've selected key companies whose mission statements are in line with my values, where I know I could be excited about what the company does, and this company is very high on my list of desirable choices."

### 4. "What are your strengths?"

What makes you unique? This will take an assessment of your experiences, skills and traits. What makes you stand out? After your assessment, bring it all together in a concise manner: "I have a unique combination of strong technical skills, and the ability to build strong customer relationships. This allows me to use my knowledge, and break down information to be user friendly."

## 5. "What are your weaknesses?"

The most dreaded question of all. Handle this question by minimizing the weaknesses and emphasizing the strengths. Stay away from personal qualities and concentrate on professional traits: "I am always working on improving my communication skills to be a more effective presenter. I recently joined Toastmasters which I find very helpful."

## 6. "What are your goals?"

Sometimes it's best to talk about short-term and intermediate goals, and not lock yourself into the distant future. Something like, "My immediate goal is to get a job in a growth-oriented company. My long-term goal will depend on where the company goes. I hope to eventually grow into a position of responsibility."

## 7. "Tell me about a time when you......" (the interviewer can ask you for an example from your resume or from something you said about yourself).

The types of questions that are asked using this technique are used to find out how and what you did in the past and the skill sets you used in the process - if you did it before you can do it again! They are called "behavioral questions."

The difference between a behavioral question and other questions is what the question asks for. This type of question will be very specific.

For example when asked, **"Tell me about a time when you solved a problem,"** the key words are **"a time."** This answer calls for a "specific" example of a "specific" incident.

## 8. "What would you do 'if'?" (these are questions about how you think).

When traditional or "situational questions" are asked they usually include the word "if." When **"What would you do if..."** questions are asked, you can use your imagination to come up with an answer. For example, **"What would you do if you had a problem to** solve?" The word, "if," is the clue word that indicates the interviewer wants to hear your thought process - how you think through a problem. This question does not require a past experience example.

### 9. "What is your salary requirement? "What is your current salary?"

It is to your advantage if the employer tells you the "range" first. Prepare by knowing the "going rate" in your area, and your bottom line or "walk away" point. One possible answer would be: "I am sure when the time comes we can agree on a reasonable amount. In what range do you typically pay someone with my background?"

### 10. "Do you have any questions for me?" (the interviewer).

At some point, usually at the conclusion of the interview, you may be asked, "Do you have any questions?" A common answer to this question is, "No, I think you've covered everything very well." This is the wrong answer! You have passed up your opportunity to ask some critical questions that may make a difference as to whether you want to work for this company.

### 11. Just for fun --- "If you were an animal, which one represents you best?"

This type of psychological question is used by interviewers to see how you think quickly, or what perception you have of yourself. If you answer, "A bunny," it will make a soft, passive impression. If you answer, "A lion," you will be seen as aggressive. What type of personality would it take to get the job done? What impression do you want to make?

These are the questions that come up most often. They are among the toughest because they require forethought, and because they are about you and your thoughts and experiences. By anticipating and scripting the answer to these questions, you will become more focused and prepared.

**EXERCISE**

1. "Tell me about yourself" --- or "Why should we hire you?"

2. "Why are you leaving your current/last job?"

3. "Why do you want to work here – in this company? In this industry?

4. "What are your strengths?"

5. "What are your weaknesses?"

6. "What are your goals?"

7. "Tell me about a time when you......" (the interviewer can ask you for an example from your resume or from something you said about yourself).

EXERCISE

Write an example of a behavioral question from a factor that is important to the job you are seeking --- ex., Problem Solving Skills, or – A project you managed.

8. "What would you do 'if'?" (these are questions about how you think).

Ex - "What would you do if you had to deal with an irate customer or coworker?"

9. "What is your salary requirement? "What is your current salary?

10. "Do you have any questions for me?" (the interviewer)?

11. "If you were an animal, which one would represent you?" (This is a fun question – that actually gives me a lot of information about you. Chances are that you will never be asked a question like this. BUT, I have heard stranger ones than this.)

# FREQUENT
# INTERVIEW CONCERNS

# WHAT IS AN ILLEGAL QUESTION?

- How old are you?
- Do you have children?
- How is your health?
- Are you a U.S. citizen?
- Have you ever been arrested?

Illegal or improper? That is the question.

Technically, it is illegal for an interviewer to ask anything personal that is not directly job-related. Off-limit questions include, but are not limited to: information regarding your age, marital status, country of origin, religion, sexual orientation, and health status. Almost any legal information about you is illegal in the job interview.

**Example**

The female candidate was asked, "Do you plan to have children?" She was taken aback by the question and wasn't sure how to answer.

She had three choices:

**A -** To answer the question honestly even though she did not want to.

**B -** To tell the interviewer it is none of his business and the question is illegal.

**C -** To deal with the concern behind the question, ignoring the illegal question itself.

How would you answer the question if you were the female candidate?

**The best answer is "C."**

An appropriate answer from the candidate might have been, "Whether or not I plan to have children in the future is not really relevant to my career. I plan to work and have a career no matter what happens in my personal life."

Why is this type of question asked in an interview? Why are interviewers concerned about your plans to reproduce, your marital status and your retirement plans? It's simple; they want to make sure you are the solution to a problem, not the source of more headaches.

When the female candidate was asked her plans regarding future motherhood, the interviewer may have been trying to determine whether she was in for the long-term or just until the company could pay for the birth of her firstborn. It is clearly a discriminatory question, one that would probably never be asked of a male candidate, and it is illegal!

When you are asked this type of question, consider that you have options as to how you will answer.

**D -** You can answer the question and move on. (This may not feel good, but how important is the question to you?)

**E -** Don't answer the questions when asked. (This may feel good, but they may take offense and consider that you may be a "trouble maker.")

**F -** Think about the reason behind the question itself. (Best option if you can think the question through).

**G -** Consider the source and the nature of the question. (Do you want to work for a company that asks this type of question in an interview?)

There are some exceptions to some personal questions asked, which might be confusing.

## Legal Personal Questions

*Have you ever been convicted of a crime?*

Depending on the type of job you are applying for, this could be critical. The question is usually stated in a more specific manner - "Have you ever been convicted of a felony?"

### Can you show proof of your eligibility to work in the United States?

Every new employee, regardless of place of origin, must provide such documentation during the first days on the job.

### Can you perform the job's essential functions with or without reasonable accommodation?

This question must be accompanied by a job description covering the essential functions.

The concerns behind these questions are relevant to the job's requirements and performance. As an example, if you have been convicted of embezzlement, you will probably not be considered for a job handling money. The concern is that you had a problem in your past that could be a problem again.

The interviewer wants to know if you can report to work and do the job. Any information that could be enlightening is important, but the interviewer's questions should focus on the job and your qualifications to do it.

By becoming aware of illegal questions, you will be prepared to deal with them if confronted in an interview. Pre-interview thinking and preparation can spare some embarrassing or uncomfortable moments during the interview.

# "DO YOU HAVE ANY QUESTIONS?"

## Questions You Should Ask

At some point, usually at the conclusion of the interview, you may be asked, "Do you have any questions?" A common answer to this question is, "No, I think you've covered everything very well." This is the wrong answer! You have passed up your opportunity to ask some critical questions that may make a difference as to whether you want to work for this company.

But, what questions are appropriate?

*When Marianne was asked if she had any questions at the conclusion of her first interview she took this as her chance to find out about vacation accrual and sick leave. She began asking about the days allowed and when she would be able to start taking them. The interviewer was taken back. "Is this what this woman cares about? Time off? This doesn't sound like someone who will come in and get the work done," the interviewer thought to himself. Clearly, Marianne had asked the wrong questions. Or, perhaps the right questions at the wrong time.*

Timing is key. The first round of interviews is about discovery: finding out about the job and the company, not about the benefits, or raises. Good questions to ask in the first round are about the job content, the company culture, the future of the company.

*David had prepared his questions, and was ready when the manager of engineering asked if he had any. "Yes, I do," was his reply. "What types of projects would be forthcoming over the next six months?" The manager was eager to tell David about the prospects for future business and the plans for future growth. This discussion prompted more questions from David, and the interview ended half an hour later, after a lively exchange, and on a very upbeat note. David's question was appropriate and timely.*

But, what about those other questions about benefits, stock options, time off?

Later, as the interview process unfolds, there will be time to ask about the benefits and practical matters. Often the Human Resources department will provide you with a brochure, or packet of information. Obviously, you will need this information to assess a package in the event an offer is made. But, all in good time!

The interview should be an exchange of information. What does the company want, and what do you have to offer? But, also what do they have to offer, and what do you want? It is important that you express an interest in the company and the work being done, not just "what's in it for me?" By asking questions you will demonstrate investigative skills, and that you are particular about the company you work for, and that you are not going to take just any offer that is made.

It is also important to consider whom you are talking to. The Human Resources person is the one likely to know about job descriptions, qualities being sought, the morale or the company culture. The hiring manager, your future boss, is the person to ask about the department, the team you will be working with, the challenges of the job.

## Questions NOT TO ASK in the first rounds of interviewing.

Questions about salary, stock options, vacation, holiday schedule, benefits.

Don't ask questions that have already been answered in the interview.

Don't "grill" the interviewer – it's ok to ask about the person's background, but as an interested party, not an interrogator.

## Questions TO ASK in the first rounds of interviewing.

Ask for a copy of the job description.

Ask why is this job open?

What qualities are you seeking in the person for this job?

What is the next step? When will you make your selection?

Prepare five or six questions before the interview and take them with you. When the time comes for you to ask questions, make sure you are ready to find out some important information.

## Questions For You To Ask

1. Ask questions that came up during the interview. In other words, if they have talked a lot about a certain thing - "databases" - make sure you ask some questions about databases. "It seems from the questions you asked me, or from what I am picking up today.... Could you tell me more" - or some other question you want clarified that came up during the interview. (Read between the lines).

2. "Do you have any doubts that I can do this job?"

3. "Is there any additional information that I can provide to you that would convince you that I am the best person for this job........."(drum roll) because I believe I am. (only if you believe you are) Isn't this kind of like "closing" or "asking for the sale?"

    These are all according to the situation and your interviewer.

4. Don't forget to summarize if you get the chance - "What I would bring to the position (one minute summary of your 5 points)."

## Your Values? Fit?

Think about what's important to you in a job. Advancement, challenge, fun, life balance? Remember, you are interviewing them as much as they are interviewing you.

### *The key is the FIT!*

## EXERCISE

# PREPARE A QUESTION LIST

Would you go on a first date without asking any questions? Begin to think of the interview process as the start of a relationship. Prepare five to ten questions to ask during the interview.

**1.**

**2.**

**3.**

**4.**

**5.**

**EXERCISE**

**6.**

**7.**

**8.**

**9.**

**10.**

**STORY**

# Read Between the Lines

Rose was interviewing for a position as a recruiter when she came across this unusual situation.

The interview had been progressing smoothly until the department head asked if she had any questions. "Yes, I do," she said. "As a potential recruiter, I was wondering how I could convince people they would want to work for this company." The interviewer gave her a rather bland answer, which bothered Rose. She was going to have to sell people on this company if she were to succeed in this role. The interview went on to other subjects, and time passed quickly. At the end of the interview, Rose was asked if she had all of her questions answered. "No, not really," she said. "I still have a question as to why someone would want to work for this company." The department head was hesitant, then replied, "Let's postpone that discussion for another time."

Rose left the interview somewhat dissatisfied and assumed that she had pushed too far with her questions. The next day she received a call from the Human Resources manager with some surprising news. The decision for the position would have to be postponed as the department head who had interviewed her yesterday resigned from the company that morning!

It became clear to Rose why this man had not wanted to sell her on the company.

*Sometimes you have to read between the lines.*
*Turn up your intuition!*

# HOW DO I DRESS FOR THE INTERVIEW?

What image do you want to create? Image is not about being pretty, or having expensive clothing, or even a perfect body. Image is about feeling good about who you are. If you know you look good and are expressing yourself positively, that thought will boost your confidence and in turn affect the way others react to you. The reverse is equally true. If you feel shabby and ill at ease, others will react negatively to you.

Depending on the job and the industry for which you are interviewing, you should dress according to the image that you want to project and what is appropriate. Some candidates are choosing to dress down to project a friendly, more youthful appearance. Each company has its own culture, and what is casual for one company might be unacceptable for another.

If it is possible, go the day before to the place where you will be interviewing and stand outside at lunch time or after work, and watch what the employees leaving the building are wearing. Choose slightly more formal than what you see. After all, you are not one of them yet, and everyone will be aware you are dressing for the interview.

| | |
|---|---|
| **Professional** | Ranges from a suit (with tie for men) to a jacket and slacks (no tie). Women can wear slacks/pants suit or skirt as appropriate to the position. |
| **Working casual** | No jeans or t-shirts - usually khakis and a collared shirt, jacket or sweater. |
| **Casual** | Any type of attire as long as it is tasteful - no gross or slogan t-shirts. |
| **Really casual** | Anything goes - no rules as to attire - including the wearing of shoes (the dot-com attitude). |

## An Interviewer's Story

When I walked into the lobby, I was struck by the starkness of the woman I was about to interview. She was wearing a black suit and stiff white blouse. She had very pale, almost white skin and a lot of bushy, black hair.

She appeared stiff and not the personality type suited for the particular position for which she was applying.

During the interview I asked her, "If I were to ask your co- workers to describe three positive qualities about you, what would they say?" She lit up for the first time during the interview and said, "They'd say I was the life of the office; that I had a great sense of humor; and how much they enjoyed being with me." I sat there with my mouth open. This woman had clearly misrepresented herself by what she had chosen to wear to the interview. She was trying to look very professional, but she went a bit too far. I had made the wrong judgment based on the image she portrayed.

*Dress to reflect who you are.*
*Don' t try to be someone else in an interview.*

**EXERCISE**

# WHAT IMAGE
# DO I WANT TO REFLECT?

What impression do you want to leave?

- What image reflects success to you?

- Consider your favorite newscaster or successful person. What does he or she wear?

- Go through magazines or catalogs and look for pictures of people who appear to look successful to you. What are they wearing? Do you want to project that look?

- Make a collage of the pictures of professional people you chose. See if a certain look or pattern begins to develop. Is that your desired look?

# THE RULES OF
# SALARY NEGOTIATION

**WARNING:** Take time to consider your options before you begin to negotiate. Salary negotiation can be difficult at best. Once you begin to negotiate an offer, you must be willing to hang in there if your terms are not accepted. The way the negotiation unfolds may set the tone for your future employment with the company.

# THE PRINCIPLES OF SALARY NEGOTIATION

1. You can't negotiate anything until you have an offer. Don't go there - yet.

2. Know your walk away point – when you can't afford to take the offer.

3. Know the Rules of Salary Negotiation before discussing salary.

4. Know what you want –the whole package and their priorities.

5. Know when to move forward and when to step back – the dance.

## THE RULES

To say that money is a touchy subject is an understatement. Most people dread the subject, particularly in a job interview. By doing some preparation, some basic research, and following a few rules, you will feel better about dealing with the subject.

**Rule #1 – He who mentions a dollar figure first, loses.**

Wait until the subject is approached. Then answer that you are open on salary and are looking for an opportunity, or that you would like to postpone that discussion until later in the process. This is a good time to ask what salary range is budgeted for the position. If you are asked what your former salary was, you might state that you would like to hear more about the responsibilities of the job before you compare salaries, or that there were circumstances in your other job that kept your salary below market value. If you are asked what salary you are looking for, depending on where you are in the interviewing process, state that you think it is too early to discuss salary and you would like to hear more about the job before you discuss the particulars of money.

### Rule #2 – Never try to negotiate until you have an offer.

You are in a far stronger position to negotiate after you have the offer. Your chances of getting a higher salary improve if the interviewer is convinced you are the right person for the job. This falls somewhere between "They want you" (they're ready to make an offer) and "They got you!" (you've signed on the dotted line, and it is too late to go back and start over).

### RULE #3 – Do not accept on-the-spot offers.

Some employers make on-the-spot offers. It is always a good idea to take time to think the offer over. Once you have accepted, it is too late to negotiate any terms of the agreement. If pressed for a decision, tell the employer that you have a personal policy of taking 24 hours to think over major decisions.

### RULE #4 – Always get the offer in writing.

Too many people have been burned after negotiating a sweet deal, only to find that when management changes, there is no record of the negotiation. Get it in writing! If you negotiate a change, make sure you get a new offer letter or an addendum memo.

### RULE #5 – Keep it friendly.

The tone of the negotiation should never be confrontational. You should be aiming for a win/win situation.

### RULE #6 – Consider your position before making deals.

If you cannot settle on a salary, perhaps an early performance review/salary increase can be negotiated. Sometimes you can negotiate on vacation or benefits. The answer is always "NO," unless you ask the question.

## RULE #7 – Focus on the base.

It is in your best interest to negotiate the base salary first. Your future raises will be affected by this sum, not to mention Social Security, unemployment, life insurance, etc. The employer's hands are sometimes tied due to internal salary equity. You may be asking for more than some of the current employees are making. Sometimes you will be offered a hiring bonus. Beware, they are usually taxed at a higher rate.

---

**TIP: SILENCE.** It is a powerful tool if used at the right time. Most of us are uncomfortable with silence. If you are offered a dollar amount repeat the amount and then be quiet. Reflect for a moment. Count to five or ten. See what happens!

---

# AFTER THE INTERVIEW

# HOW DID YOU DO?

## ASSESSING THE INTERVIEW - YOUR PERFORMANCE

As soon as possible after the interview, you should sit down and write, or use a recorder, to get your thoughts out. Just let them flow - dump it all out.

**This exercise is for your eyes or ears only!**

What is your gut reaction to the process you just went through?

How do you rate your performance? (On a scale of one to five - five being the highest.)

What do you think the interviewer(s) thought of you?

What reservations did you hear from the interviewer(s)? spoken or unspoken?

Do you want to work for this company? Why?

What reservations do you have about working there?

EXERCISE

Did you address these reservations to your satisfaction?

What looks exciting?

What could you have done differently to be more effective?

What do you still have to find out about the company? Job? Compensation? Benefits?

Let it all go and then walk away from it. Put the writing away or turn off the recorder, and forget about the whole thing. Hours later or the next day, pick it up again and read or listen to what you had to say. Are you still feeling the same way? (See exercise on Page 94.)

**IMPORTANT:**

After you complete this exercise, it is the time to write your follow-up letter(s) in accordance with your feelings and reactions. **See "Follow-Up Letters" page 96.**

**EXERCISE**

# FIT? YOUR NEEDS
# THEIR SITUATION AND CULTURE

Complete this exercise after the interview. This part of the equation should be about your values. What's important to you in the job? Does this job fulfill your needs? Is this the right job for you?

## What I Want and Need

# What They Have to Offer

EXERCISE

Doing the exercise is only part of the process. You will now have to step back and do some serious thinking and evaluating.

- Do you want to work for this company?
- Are you picking up vibes that things are not quite right?
- Will you have job satisfaction there?
- Is there a career path?
- Will you have to compromise some of your needs/values?
- Will you fit into the corporate culture?
- Is this the place/job for you?

# FOLLOW-UP LETTERS

## Can Be the Make or Break Point

The "Thank you for the interview" letter is a good way to put yourself in front of the interviewer(s) one more time. Sometimes the follow-up letter can be the tie-breaker between you and another candidate. The follow-up can create goodwill that sets the tone for your future interactions with your potential employer.

You should send the letter within 24 hours of the interview while the experience is still fresh in your mind as well as in the interviewer's.

Make sure the letter is a professional letter that reminds them of the qualities you can bring to the company - your added value. A handwritten letter or note is also acceptable. However, save the printed greeting card for a more appropriate occasion.

Each interviewer has his or her own agenda and should therefore receive a separate letter/email. This is an opportunity for you to address whatever concern you picked up during the interview - overcome the objection.

**Example:**

If you were asked, "I see you don't have direct experience in this field," let them know about your transferable skills and how they apply to this job: "I pride myself on the fact that I can adapt and learn quickly. For instance, I transitioned into the sales department at my last company with very little hands-on experience. Yet I was able to make my quotas in record time and even became sales person of the month in the first quarter."

Conclude with your interest in working for the company. Ask for the job - and use enthusiasm!

This is also a time to let the interviewer(s) know that you are excited and enthusiastic about the opportunity, and why. What were the things you liked about the company? The culture? The product, service, research, cutting-edge technology? The mission of the company? Why would you want to work for this company?

This is not a time to talk about the benefits - salary or perks that will benefit you. This is the time to define what you like about this particular company and position.

 **A Success Story**

The interview did not go well for the introverted man. He had a difficult time expressing himself and talking about his qualities. His application had been put in the "reject" pile at the end of the interview.

He really wanted that job and knew he hadn't done well in the interview. He sat down and wrote a very detailed letter to the interviewer telling him why he should be selected for the position and listing the values he could bring to the company.

When the employer received the letter, he was impressed and took his resume and the application out and considered it again. The man was called in for a second interview that went much better. He was eventually offered and accepted the job.

# FOLLOW-UP FORMAT EXAMPLE

**Dear Interviewer.** A separate letter should be sent to each interviewer - addressing interests or concerns.

**Your reaction to the interview.** "I left the interview with a million ideas going through my head regarding your company and the challenges of the job." Or, "I came away from the interview feeling confident that I was the solution to your problem."

**Why you want this job.** "After talking to you and the other team members, I was impressed with the company's view of future technology." Or, "I have set my sights on working for a company that has the type of culture and mission such as yours - in particular your attitude toward the employees working as a cross-trained team."

**What you would bring to the company.** Restate your qualifications - "The added value(s) I would bring to this position would be my ability to solve problems using my past experience and analytical skills, particularly working within tight deadlines." Or, "I have several reasons to believe I am the solution to your problem..." List the skills and experiences you have that will bring a solution to the job's problems or challenges.

**Ask for the "sale."** Do you want the job? Let the interviewer know, "I am really excited about the prospect of joining your team and want to be considered as an interested candidate. I know that I would be an excellent fit for the job based on my past experience and what I can bring to the job, and on my future goals."

**Sign-off.** "I look forward to talking with you further regarding this opportunity." Or, "Thanks again for the interview, I felt very comfortable talking with you and I was impressed with your handling of the interview process."

## To Email or Not to Email

What about sending the "Thank you" by email?

This is a somewhat controversial issue.

It is ok to send a thank you by email - not politically incorrect. But usually a hard copy sent by regular mail would be the best choice, mainly because the interviewer(s) will have something in hand and tangible to remind them of you and your qualifications.

However, if you get the sense that speed is of importance, then an email would be the fastest way to communicate. One of the problems with email is that it is overused in companies and may not get read. Or if it is read, it may not be remembered unless the reader takes the time to print it out.

You will have to use your judgment based on the situation.

---

 ## A Virus Story

Email from someone who sent follow-up emails.

"Upon completion of a recent interview, I hurried home and sent out thank you letters to each of the interviewers via email. It has come to my attention three days later, that the letters I attached contained a virus. I am not sure if I should resend a clean copy of the letter and run the risk of closer scrutiny or not send anymore and risk appearing sloppy. Can you provide any guidance in this matter?"

### *BEWARE OF VIRUSES.*
### *THEY CAN STRIKE ANYWHERE AT ANY TIME!*

---

# WHAT'S NEXT?

## The Most Difficult Part - Waiting

Often at the end of the interview, the interviewer will tell you what the next step is in the decision process. If that does not happen, you may ask, "Could you tell me what the next step is?" You may get a clue as to whether you will be included in the next round. Or, can you expect an offer in the near future?

## *Don't be surprised if you don't hear back within the time promised.*

What if they said they'd call and they haven't? Regardless of what is said, things don't always work out as promised. This is one of the most difficult times in the whole process - the waiting. Be patient. There could be a hundred reasons why it is taking so long.

If one or two days have gone by beyond the time you were told you could expect a call, it would be acceptable to call to find out the status and if you are still in the running for the position. Again, don't be surprised if you leave a message and don't get a return call. This seems to be the norm. If you don't hear back, move on. For whatever reason, you may no longer be under consideration; it is best to go forward and not look back. Every once in a while you might receive a call well after the expected time; at that point it will depend on your status and what has happened in the meantime whether you say, "No, thank you" or move forward. Timing is unpredictable in such dealings. Don't take it personally.

Some applicants have called the company after a rejection and asked for feedback on the interview and qualifications - why they didn't get the job. Most of the time you won't get a true response because of a fear of legal ramifications. The answer most commonly received is, "We found someone who had direct experience." But every once in a while, someone will take the time to tell you what was missing or what you could have done differently. It is worth a phone call if you would like some feedback.

If for some reason, you decide to decline the offer made, follow through with a professional call to say the offer didn't work for you at this time. You never know when another opportunity may come up at the same company. You don't want to burn any bridges.

BUT DON'T BECOME A NUISANCE (

AND BECAUSE They Simply ARE NOT IN The COAChing BV

# PART TWO


# INTERVIEW WITH CAROLE MARTIN, THE INTERVIEW COACH


## BY KEVIN DONLIN, GUARANTEED RESUMES

# Q&A – INTERVIEW SECRETS AND TIPS

**Kevin:** Almost all of our interview is going to be talking about timeless techniques that work in any economy. But right now, Carole, what's going on out there? What are you hearing from interviewers and from job seekers, alike?

**Carole:** The job market is a competitive place and what they're going to have to do is prepare. There's no doubt about it. You can't wing interviews anymore, folks.

What you're going to have to do is look at what you have to offer - assess yourself. And there are many ways of doing that.

One way is just to write down a list of what you have to offer in the way of skills.

But the best way to do that is to take a job posting – any job posting that is like what you are looking for.

Take a piece of paper and on one side of the page, write what you are looking for, what you have to offer on the other side of the page, and compare because some of the job postings are writing on the posting,

"If you do not have the main qualifications for this job, do not bother applying!" I think it's really important that you show them that you are as close a match as possible.

Once you do get selected, let's say your wonderful resume comes to the top – which is good because some companies are receiving hundreds of resumes daily. Let's say, yours is one of the top 10 and you actually get a phone call – consider yourself a success at that point, believe me!

When you get that phone call, you have to differentiate yourself from the other 10 candidates that are going to be called before or after you. So again, assessing your skills - knowing your product - thinking about yourself as a product is going to be key in this market.

**Kevin:** Do you think people should prepare something along the lines of an elevator speech so that they're ready when the phone rings? Should you have something sitting there, a little script you can follow?

**Carole:** Absolutely. I think one of the keys any time you're looking for a job is to organize. I think you should have somewhere in your home or office, if you happen to be employed, but I prefer the home, some kind of a binder or a box, or some kind of a system where if someone calls you – it is easily accessible.

Let's say the phone rings at 7:00 one night while you're eating and it's an interviewer or a recruiter, whatever you want to call this person. And they say, "I'd like to talk to you about the job you applied for."

My advice is to say, "Can you hold on for a moment, you caught me at a bad time?"

And go get your box, your binder or whatever it is and have some kind of script and information in front of you. That's for over the phone.

Now in the face-to-face interview, obviously, you're going to have to be prepared.

It is very important that you have an answer to the question, "Tell me about yourself."

Whether they ask the question in that particular way or not – it is an implied topic – what do you have to offer?

> You need to be able to answer that question. You need to know the five or so strong points that you have to offer.

**Kevin:** That's so critical, the record keeping. I just spoke with a client last week. She had a call from an interviewer, asking about the job she had applied for. She didn't keep any records. She didn't remember what the job was. She didn't call them back. She had no idea why they were calling her. She missed out on an interview that way because she didn't keep records.

**Carole:** A missed opportunity.

> You must have a tracking system of some sort. And if someone calls you and it is a bad time – ask if you can call them back.

> Some people put their cell number on their resume. I don't know how you feel about that, Kevin, but your cell phone can ring at any time. You're at the checkout at the supermarket and your telephone rings, and this is a headhunter or a recruiter, or interviewer calling you, and you're going to have to talk. So put it on your own grounds and say, "Look, you've caught me at a bad time. Can I call you right back?" Or, "Can you hold on for a few minutes?" or something like that, and bolt from the store. But put it on your own terms because if you try to wing it like this woman obviously did and didn't keep track, get the name, get the information, you're the loser.

**Kevin:** That's a great insight, being able to exert control. You don't have to dive into an interview right away if you're at the checkout counter at the Piggly Wiggly because you're just not prepared. So yeah, telling them, "It's a bad time; may I call you back?" is that going to be effective, do you think?

**Carole:** I absolutely think so. Get their phone number, obviously. Don't wait for them to call you back because you could lose them. But definitely put it on your grounds. One woman told me she negotiated her salary walking around K-Mart with Blue Light Special going on. I think that's a very ineffective position and certainly not in your favor.

**Kevin:** Let's talk about before, during and after interviews overall here. Looking at before the interview happens, what is the one most effective thing that applicants can do to prepare for upcoming job interviews, whether it be on the phone or in person?

**Carole:** Well again, they have to know their product. You should start thinking of yourself as a commodity. You're the product that you have to go out and sell to the market. It's a different market than it was three, four years ago, when they were coming to you. You're out there, competing.

I'll give you an example, at the supermarket, I went and counted the different kinds of cereals. There were over 100 boxes with different types of cereal in them. What makes one cereal box more attractive to you than another? First of all it depends on what you are looking for --- fiber, low fat, sugar content....? What's different than the others? Why would someone be attracted to what you have to offer?

Certainly, your resume is going to make a difference. That's the packaging. But what's inside? What do you have to offer? It's really important that you know, inside and out, what you have to offer.

One pet peeve of interviewers is that people don't know how to tell them what they have to offer. They'll say, "Well, what are your strengths?" And the person will sit there and look at them. And you need to rattle off five strengths. Your strengths are not only your knowledge-based strengths, those that you've learned through education and experience, but your transferable traits, the ones that you can take with you to any job. These are traits like communication, which just happens to be the number one trait that employers are looking for - excellent communication skills - written and oral.

Other transferable traits are your people skills, your problem-solving skills, your time management skills, all those skills are skills that you have. Do not take them for granted because they are basic skills.

And then lastly, your personal traits, what makes you unique? Whether you're friendly, attention to detail, whether you're a hard worker, which is a word that's overused. Don't use "hard worker." Flexibility is a really important one to employers also. But it's important for you to prepare to know what you have to offer.

Then work on a script to answer the question - "Tell me about yourself."

There are certain basic questions, and once you have the answers to those prepared, you're going to be able to answer a whole list of other questions.

You can find the questions and how to answer the top 10 common questions asked in interviews in my workbook or go to my website – www.interviewcoach.com.

**Kevin:** OK, great, we're going to talk about some of those questions in just a bit to give people a flavor for what they should be preparing for. We talked about what we could be doing before an interview. How about what's the most important thing you could be doing during an interview, whether it be on the phone or in person?

There may be some differences there, but what's the best thing you could be doing during a job interview?

**Carole:** Well during the interview, you are judged on the way that you communicate, so you're going to have to make sure that you feel comfortable. And one thing that goes on before the interview, but it takes place during the interview, as well, is that you're nervous.

And you have to think about that, what's making you nervous? Sometimes you know the answer, but people freeze up during the interview. One of the ways to get around that or get over that is to try to change your thinking about the interview.

When you go to an interview, you are simply going into a conversation. And in the conversation, you should engage the other person. What I find is that most people think they have to perform. And although I do think it's a presentation, I don't think you have to be anyone other than yourself. And I think it's important that you engage the person as you talk. It's just a conversation. Let them know what you have to offer here.

It's very important to listen, listen, listen. This is probably the most underutilized skill in an interview, and that is those two ears you have hanging out of the sides of your head, it's really important that you listen.

Listen to the questions asked.

Listen to the kind of questions they're asking you, the subject matter, and listen to what's not being said.

Read between those lines.

It's extremely important to turn up your intuitive. Check for clues around you. Look at the employees that are walking through the lobby. What do their faces look like? Do they look stressed and unhappy or are they smiling and engaging? Is this a place where you would want to work?

**Kevin:** OK, great stuff there. What about after the interview is done, what's the most effective thing you can do after an interview to kind of cement the good impressions you've left in the employer's mind?

**Carole:** Well, leaving the interview, one of the questions you should ask is, "What's the next step?" And if they tell you, "We're going to be interviewing 10 more people," or whatever they tell you, "We're going to make the decision by Friday," whatever it is, run with the ball and go home. Before you go home, stop - stop anywhere and de-brief yourself.

Write down all your thoughts:

What went right? What went wrong? Rate yourself. What could I have done differently? How did I feel about this? Would I really want to work there? Give yourself a little report card on your performance.

Also when you're doing that, write down some of the things that you picked up. When you get home, write a follow-up letter. I don't mean just a "thank-you" or "it was nice to meet you letter," but a letter that's meaningful, one that says, "I'm really interested in your company because . . . and this is the reason I think I'm a good fit for the job." Put down some of those key skills.

If they ask you, for instance, a lot of questions about customer service, then you should write something about customer service. Pick up on the clue and say, "One of my outstanding qualities is my ability to work with customers and to formulate long-lasting relationships." So key into what their agenda was. And if you're interviewed by multiple people, try first of all, to get their cards, so you get the spelling of their name correctly, and their title. But also, make a little note to yourself, what did they ask you more about, what was their focus because each person has a different agenda they bring to the interview. And write a separate letter to each person.

**Kevin:** Well that's good. I hadn't thought of that. Every person's unique, and the interviewers are included. Each of them are going to be looking for different things. So you could tailor your follow-up letters accordingly, based on the notes you've taken and the impressions you've got.

**Carole:** Absolutely.

**Kevin:** That would really set you apart. Well that's good stuff. I've heard it said that you ought to be trying to close the sale at the end of a job interview; you ought to ask for the job there. What's an effective way to really end that interview and put yourself in the best position to get hired?

**Carole:** Well if you have an aggressive, outgoing personality, you can say, "I love what I've heard here." Maybe not on the first interview, maybe a second interview. But, "I love what I've heard here, I'm ready, I'm willing. When can I start?" That's probably the most aggressive closing you can do, but not everyone's personality suits that.

Also, depends on your interviewer - you're going to have to read your interviewer.

What kind of rapport have you built with this interviewer? Being aggressive will work for some people but doesn't work for other people.

One of my favorite questions at the end of the interview is to say:

"Are there any doubts you have that I can do this job?"

And sometimes, you'll get, "Well, you seem a little weak in this area." If they say that, then you need to say, "Well, I can see where you might have picked that up, but let me explain to you how quickly I learn. In my last job, I . . ." and give them an example.

**Kevin:** In sales talk, I guess that's trying to overcome objections.

**Carole:** That's right. And this is about sales. That's a good point, Kevin, it's exactly about sales.

**Kevin:** And that's great. By asking that question, you're going to be uncovering possible objections in the mind of the interviewer. And while you're there face-to-face, you get a chance to overcome those objections and position yourself strongly to get that job.

**Carole:** Right, right.

**Kevin:** That's a great way to do that. I'm always interested in what's going on in the mind of the interviewer, and you've interviewed thousands of people from the other side of the desk, as a professional interviewer, yourself. I'm going to ask you a series of questions here, and I'd just like your insights on what's really going through the interviewer's brain. For example, you hear a lot said that the decision whether or not to hire you is made in the first 30 seconds or so when they first meet you. Is that accurate?

**Carole:** Well, I happen to disagree with that because as an interviewer, I have made snap decisions and they have been incorrect. But certainly, an opinion is formed the minute you walk out into the lobby as an interviewer and you see the candidate wiping his or her hand on the side of their pant leg, you know that they're nervous, you get an immediate impression.

But now I go out and I extend my hand, and we shake hands. A handshake is very important. It's very important and it shows some confidence. Give me some life back there. The best way to handshake is to put your hand straight out, thumb up and zero in, focus in or land in web to web. And then, squeeze, not too hard, the thickest part of the hand. I don't know if I'm explaining this well.

**Kevin:** Sure, by web to web, you're meaning the quick of the thumb and the pointing finger?

**Carole:** Right, right, thumb straight up, web-to-web. A wimpy handshake, some people tell me, can turn them off right from the beginning. You have to show some confidence. Look in the person's eyes and smile. Say, "How do you do? Hi, I'm Carole." "I'm Kevin," whatever. So that's number one.

Your body language and how you're sitting in the chair when the interviewer walks out shows something, you know, if you're slumped over. And if you don't give them eye contact, they're going to think. "Well, this doesn't look like a person I want out calling on my customers. I want someone who's confident, looks perky and can represent our company to the best. That's number one, first impressions.

And then, engaging, again, the conversation. You do have to make a little bit of small talk usually while you walk to the office. Let the interviewer take the lead. I think the interviewer's style is important – if they don't talk to you, don't talk to them, except to ask a question or two. Let the interviewer lead.

**Kevin:** How about, in terms of things that may irritate an interviewer, you talked about a wimpy handshake being one. What are some other top turnoffs that can really derail an interview? What should people keep in mind they ought to avoid in a job interview?

**Carole:** I just wrote an article for Monster on this very subject, and I interviewed a bunch of interviewers and asked them. I got some interesting comments. I'll share some with you. One is smell. And smell is not only bad, but good. One guy told me that a woman came in with such strong perfume on that he could barely breathe. And it was the perfume that his ex-girlfriend wore, so it brought back bad memories, and was just a real bad thing. Certainly, check your body odor, and your bad breath turns them off, so smells are important.

Communication, too little leaves the interviewer exasperated because they'll ask you open-ended questions, which means that these are not one answer expected questions. They'll say, "Tell me about a time . . ." or, "Can you give me an example?" And the person will just kind of say, "Oh, we do that all the time or something like that," one little answer. They want you to engage. Again, they want you to give them something to work with. And then, there's the communicator that says too much and won't stop talking.

So what I'm going to give you is a rule of thumb, and that is, your answer should be anywhere from two to three minutes long. And if their eyes glaze over, you've lost them, so forget it. Just stop talking.

**Kevin:** You've got to be gauging their reaction.

**Carole:** Exactly.

**Kevin:** It's a give and take situation.

**Carole:** Definitely. Like any social situation. When you're talking to someone, it's a give and take. The interviewer should be talking 20 percent of the time, and you should be talking 80 percent of the time. However, once in a while, you get a chatty interviewer and the tables are turned. In that case, you're going to have to say, "Let me tell you a little bit about myself."

Let me give you some other pet peeves.

Lack of focus, going off on another subject again, not listening to the question. Remember, listening skills are really important, and making sure you're giving the interviewer what they want.

Eye contact, that drives them nuts when you don't look them in the eyes.

Street speak or slang, apparently, some people say "aks," instead of "ask" and things like that. Make sure you don't call them, "You guys," or things like that. I think people do understand that you are nervous, but I still think you should try to be as articulate and prepared as possible.

Can you imagine giving a presentation in front of a group and not having your information together? That's the equivalent when you go into an interview, if you haven't at least prepared to think about what they would be asking you.

**Kevin:** What are some effective and easy ways people can practice? Do you suggest they record their voice on a tape recorder or videotape themselves, or just practice with a friend? And if so, who should they be practicing with? What's a good one or two ways to practice this kind of stuff?

**Carole:** Well, I'll tell you the best way is to hire a coach like . . .

**Kevin:**   Like you.

**Carole:**   And what I do is I put people on speakerphone and then, I record what they're saying. And then, we play it back and we talk about it, what's strong, what's not.

Let me tell you a way I find is effective, in particular to practice, the "Tell me about yourself" speech. Call yourself on your cell phone or your home phone. If you're going to do it on your home phone and other people are going to be able to hear this, be sure and warn them because they're going to think you went over the edge. But leave yourself a message. Just say your little two-minute or less speech into your message on your cell or your home phone. And then, put it away for a while. Don't listen to it, let it sit.

And then, a few hours later, next day or whatever, listen to yourself. Listen to yourself and be as objective as you can. Try thinking in terms of what other people are hearing. Is your focus where you want it to be? It's very important that you focus on what you say. Is it what the interviewer or the employer is looking for?

You have many skills. What do you want to focus on?

And I think mock interviews are great. I think if you can practice with someone, even if it's a friend or family member, they may not be as objective, but yes, get some feedback, practice out loud, hear yourself. If you don't have anyone else, yes, use a tape recorder.

**Kevin:**   Do you ever suggest going down to a temp agency, even if you have no intention of working there, just to get face-to-face with someone and practice some interviewing skills?

**Carole:** That's a good thought. I hadn't really thought about it, but why not?

**Kevin:** If you have the time. If you're between jobs, especially. I've had people say, "I'm interviewing for this job, even though I have no intention of taking it, just to get some interview practice." Has that been effective?

**Carole:** Yes, that's different than going to an agency. Yes, definitely, I would say that you're kind of wasting their time, but they're kind of wasting yours. Sometimes maybe it's fair play, but if you have a company you really want to work for, before going there, if possible, timing is critical, but yes, do a few practice interviews. It'll give you that chance to critique yourself, to rate yourself - do that little report card on yourself, especially if you're rusty. If you haven't interviewed for a few years, you may need a little smoothing out around the edges.

**Kevin:** I hear that all the time from clients, "I haven't had an interview in five, ten, fifteen years, but just get me into the interview and I can ace it." And I just cringe at that.

**Carole:** Eww!

**Kevin:** People are trying to wing it, right?

**Carole:** Well, think about dating. If you haven't dated in a long time, maybe you're going to need a couple of dates to get your moves back, you know?

**Kevin:** That's a great analogy, less threatening. Coming into an interview with facts, figures and research has always been important in my book. How do you suggest people research a company before they go in? What should they be looking for? What should they talk about in an interview?

**Carole:** They should have as much information as possible on the company, and there's no excuse in today's world with the wonderful Internet. You can put a dot com on the end of almost every word and get some kind of a company website. So they definitely should know enough to ask intelligent questions and to be able to understand when they start talking about some of their products, what exactly their products are. I don't think you have to preach to them that you know about the company. They already know about the company. But make intelligent comments that show that you have done some research.

**Kevin:** Let's talk about some questions in specific detail, the questions that people are most likely to hear. If we have time, we can go further into this, but if we had to pick maybe the five most commonly asked questions and their answers, especially questions that throw people, there's "Tell me about yourself," "Tell me your weaknesses and strengths," and "If you were a tree, what would you be?"

**Carole:** If you were a tree, that's everybody's worst one.

**Kevin:** Let's start with the hardest one to answer, the one that throws people the most. What's the one question that people just should know it's coming, prepare for this and this is tricky? What would you suggest?

**Carole:** I want to go back to; "Tell me about yourself," because it's very open-ended. A good interviewer really listens to what you're focusing on. And it sort of sets the tone for the rest of the interview. It is as if you are representing yourself, with a Polaroid snapshot. Saying, "This is who I am and this is what I look like." I think that really is probably number one.

**Kevin:** How long should that answer be?

**Carole:** Less than two minutes. And two minutes is a fair amount of time if you've timed yourself. Most people will talk for a minute and a half or so.

**Kevin:** So "Tell me about yourself." Is that likely to be the first question out of the interviewer's mouth? Or what's going to come out first, do you think?

**Carole:** The, "Tell me about yourself," can be asked in a number of ways and you can use the same answer. They could say, "Why should we hire you?" "What differentiates you from the person that just walked out the door?" "Why do you think you're qualified for this job?" When I say, "Tell me about yourself," it's about getting your arms around what you have to offer, where you want to focus, and what's important for them to know about you.

For instance, I make great soup, but you don't really want to know that unless you're going to come to lunch or dinner at my house. So I wouldn't mention it in an interview. But I do have a background in human resources, and that probably would interest you, depending on what types of jobs I'm going for.

**Kevin:** So should you come up with a different variation of it for each job you're interviewing for?

**Carole:** No.

**Kevin:** Do you think one size fits all?

**Carole:** I think you should tweak it. Again, the focus is really important. If they're looking for someone − I'll go back to the customer service, and you're a techie guy, but this one's going to emphasize end-users, then you should emphasize not only your technical skills, but your customer service skills. Another job may only be technical and no customer contact. Then, put more focus on your expertise as a technical person.

**Kevin:** OK, so "Tell me about yourself" is something that's going to definitely come in most interviews. What's a second difficult question that people ought to prepare for?

**Carole:** Well, definitely, the strengths and weaknesses one. That's going to come from your assessment. What are you strong in? That's usually easy to come up with, although some people have a hard time with that.

Five or so things that you're especially strong in.

The weakness question is difficult. I'm going to give you my advice about weakness and that is don't go to anything personal.

One guy I worked with wanted to say he was shy. Well, chances of him changing his personality type from shy to extroverted is very unlikely, so why go there? Go with, "You know, one thing I consider very important in a company is communication skills, and I feel that my communication skills are very good. But I'm always striving to improve them. And one of the things I've done is I've signed up with a Toastmasters group to improve."

So whatever your weakness is, show that you're working on improving it.

**Kevin:** That's a great thing to look at because I'd tell people to turn that question around and make it into a strength. Another answer typically, some people may say is, "Sometimes I find myself so caught up in a project that I work too hard."

**Carole:** That's getting kind of old. I think even Dilbert has something he makes fun about that. You've got to be careful about giving the pat answer.

**Kevin:** Well, that's good. That's something people ought to be aware of. Especially being out of the job market ten or fifteen years, you may be thinking that that's still going to be a valid answer when, in fact, that may be changing now.

**Carole:** Yeah, for instance, I ask people to tell me three positive things about yourself or something. And one that comes up probably 75 percent of the time is, "I'm a hard worker." What is exactly is a "hard worker"? You want to be careful not to get too trite in your answers.

**Kevin:** Do you suggest people have ways to back up their claims? Should people have facts and figures ready to back up those kinds of claims? Could you say, "I'm a hard worker," and you could say, "Because I've been awarded as the number one rep the last three years running." Would it work if you were able to prove a claim like that?

**Carole:** Absolutely. Don't say anything, ---- anything --- on your resume or in your interview that you can't back up with an example or a story. And what Kevin just said I think is great. Not only say, "I'm a hard worker because . . ." and give some kind of a reason you said it.

Let me tell you another trick I think is very important about selling yourself, and that is third party endorsements. Bring in someone who isn't in the interview that can talk about you. For instance, say something like, "If you were to ask my boss, he would tell you that I'm one of his hardest workers, that I have stayed as late as 1:00 in the morning working on a project when we've had a crunch."

I didn't say that, my boss said it. It really comes over very strong.

**Kevin:** I've had clients bring in letters of recommendations or great performance reviews. Is that something of value that you could bring to the interview to kind of push it across the desk and say, "Here's what somebody else said about me"?

**Carole:** I'd be cautious about that, with the written word, because your interviewer may or may not have time to look at that. I'd use it as appropriate. And the timing of using it is very important.

**Kevin:** So it's kind of a case-by-case scenario thing?

**Carole:** I think so.

**Kevin:** What would be a third difficult question people ought to prepare for?

**Carole:** One that throws people is, "What is your salary expectation?" And they really don't know what to say about that. And what I'm going to advise is to put it back on them and say, "You know, I don't know enough about the job yet to talk about salary. Is there any way you could tell me the range budgeted for this position?"

And try to get them to name a number.

The general rule is he who names the number first loses because you draw the line. But try to avoid the question if you can. If they put it back on you, say, "From the research I've done . . ." and you will have done some research before going into that interview, ". . .it looks like it's between $40,000 and $50,000. Is that about the range you had in mind?"

And if they ask you what you were making in your last company, again say, "I really can't compare my last job with this job until I have more facts." Because what if in your last company, your last job, you didn't supervise anyone, and in this job, you're going to be supervising five people, that's a difference.

**Kevin:** That's a great way to turn the table.

**Carole:** It's apples and oranges.

**Kevin:** Good, and I might add, folks, that Salary.com is a great place to go research these kinds of levels. Are there any other good websites for researching salary expectations?

**Carole:** Salary.com is one of my favorites, but Wageweb.com, Salary Center Monster.com are others.

**Kevin:** That's all good stuff

What if you have a problem – like you've been laid off and out of work?

**Carole:** I think you should be prepared to answer that question, particularly if you've been laid off. If you say, "Well gee, I was laid off," the interviewer's left with the question, "Why you?" But if you can put it in some kind of a context:

"You know, the company I've been working with has been going through some tough times over the last couple of years. They've gone through five rounds of layoffs and my department finally got hit. So far, the company's laid off 20, 30, 40 percent of their workforce, and my department was hit hard. Seven out of the ten of us got laid off."

That puts it in a much bigger context than just saying, "I got laid off."

**Kevin:** That's a great way to look at it because the expectation of the employer is if you were laid off, you may have been dead wood.

**Carole:** Right.

**Kevin:** If you were downsized during a merger or acquisition, you may have been dead wood. So putting it into a bigger context like that, that's incredible. That's a great way to reframe that question. How about some other reasons you've left? If someone has been fired and you're asked, "Why did you leave your last job?" what do you say if you've been fired?

**Carole:** Having been fired is a tough one and it comes up all the time. Let me start out by saying somebody gets fired every day. It is not the end of the world. It's not reason to just think you're never going to get hired again. You're going to have to get your confidence back up and analyze what happened. OK, maybe it wasn't your fault at all. A lot of people write to me and say, "My boss was a jerk and this happened and this happened," and yadda yad-da.

I think no matter what happened, you have to be able to look the interviewer in the eye with full confidence and say, "Look, some things occurred in the company and I'm not going to go into detail because there were some hard feelings, but I can tell you that it was not based on my performance." Or maybe it was based on your performance. But whatever it is, "I've learned from that experience, I take responsibility for my part in it, and I'm willing to move forward. And I can assure you that that type of thing isn't going to happen again."

The interviewer really doesn't care that you left, for whatever reason you left the job, whether you got fired or whatever. What they care about is whether this pattern of behavior is going to repeat itself when you come to my company? Past performance equals future success. If you did it before you can do it again.

**Kevin:** There ought to be a way you ought to answer that question to show whatever happened before is not going to happen again.

**Carole:** Absolutely, and scripting it ahead of time, very important, very important. Feel confident. If your eyes go to the floor and you look ashamed, you talk very quietly; they're going to wonder what in the heck went on? Is this person so beat up they're not going to be able to perform here?

**Kevin:** Yes, that's important. It's not enough to have the right answer. The delivery is critical, too. From practicing, you're going to gain confidence and you're going to deliver it better.

**Carole:** Right.

**Kevin:** Robert DeNiro never goes in cold. He prepares.

**Carole:** Movie stars are a good example because if you've ever heard them interviewed personally, they're very inarticulate, but when they're on a screen, they're like wow! Al Pacino is one, in particular, I'm flabbergasted when I see him interviewed in person.

**Kevin:** So treat your next interview like the biggest stage play of your life, perhaps.

**Carole:** Yeah, be dynamic, be energetic. Bring energy with you. Very important. Bring some energy with you. Drink an extra cup of coffee. Don't get jittery, but bring some energy.

**Kevin:** For some folks, that could be, yeah. We've talked about you're laid off, you're fired. If you just flat out quit your last job, maybe it wasn't challenging enough, how can you recap the fact that you quit, you're between jobs, you quit your last job looking for something better? How can you answer that question positively?

**Carole:** That challenge wasn't challenging enough is probably one of the weakest answers because what does that mean? I'm bored with what I was doing? I think it's important to replace that word, "challenging," with the real reason behind what it is.

"I've reached the top of my potential there, I really want to take on a new focus." Something a little stronger than "challenge." I remember I interviewed one guy and he said he was looking for a challenge no less than five times. When I got off the phone, I thought, my God, I don't think we can challenge this guy. He was, "Challenge, challenge, challenge."

**Kevin:** So those are some ways to answer the question, "Why did you leave your last job?" What if there's a gap in your employment? You've been out of work for six, nine months. If someone says, "What have you been doing?" how do you confront gaps in your employment?

**Carole:** Well you're going to have to prepare, again, an answer. Hopefully, you've been doing some reading, you've been doing some traveling. The hardest one is when people take time off, when women take time off to have babies. You really don't want to disclose that to the employer because you don't want this to be a factor in the decision-making. So what you want to do again is script and think about your answer. "I had an opportunity to take some time off and I did some things I had always wanted to do. It's time now. I've discussed what I want to do. I've made some very firm decisions."

You want to sound like you're in charge. "I'm ready to come back, I've made a decision. I've made a list of 10 companies and you were one of the 10 companies I really want to work for." By the way, a little flattery in this whole process goes a long way.

**Kevin:** OK, if done correctly. What about people who just are always nervous about interviewing? We talked about practicing as maybe one way to dispel the nerves. What's the best thing to suggest to people who do always feel nervous about interviewing?

**Carole:** I think it's OK, to be nervous. I think, first of all, accept your nervousness. Most people, most people, the greatest majority of people get nervous before an interview. And I think that once you've accepted that you are nervous and use that nervousness, take those butterflies and use them as energy.

Some people are going to have to do a little more than that. They're not nervous, they're terrified. And to them, I'm going to suggest things like I've heard people who overcame fear by taking Yoga classes, have gone through some desensitization training, or learned to use biofeedback. One guy wrote me and asked me if there was a pill he could take. Absolutely not. I mean, think about this, what's the worst thing that can happen? Face your fear.

There's a book I like called, "Feel The Fear And Do It Anyway." I like that a lot. That's a good theme to think about, "Feel the fear and do it anyway." You've got to think about what's the worst thing that could happen? I'm not going to get this job, right?

They're not going to boil you, they're not going to kill you, they're not going to eat you. You may not get the job. For every date you went on, you didn't get a marriage proposal or a steady relationship. You're going to check these people out and they're checking you out. It is extremely important that you go in with the attitude of I'm just going to go find out about these people. I may not want to work there. If you talk to some guy or woman, and he or she is a real jerk, maybe you wouldn't even want that job. I know in today's culture and economy, it's very difficult to think, in terms of, "I'll take anything, I am desperate." And let me tell you, that's the worst way to go into an interview. It's that desperate man or woman you know that's looking for a mate. And they almost repel people just on the fact that they are so desperate.

**Kevin:** Your attitude.

**Carole:** Use the attitude, "I'm going to check them out. OK, if I get this job, I'll be happy." But to be desperate is not a good way to start the whole process.

**Kevin:** I think it will definitely show in your voice, in your mannerisms. Yeah, the desperation has to go. You have to get that under foot and approach the interview from a position of strength, even if you have to talk yourself into it.

**Carole:** You do have something to offer. These folks have a problem. They want someone to come in and do the work. Let them know you are the solution to the problem, that you have what it takes.

**Kevin:** Here's one other question I wanted an answer to. This would throw me. The question, "If you were a tree, what would you be?" Or, "If you were a fruit." How would you prepare for something that off the wall?

**Carole:** I don't think you do prepare. These are real weird questions. They're kind of like sensitivity questions. And I've heard everything from, "What if you were a cheeseburger, what part of the cheeseburger would you want to be?" Another one, "If your mother and father were hanging off a cliff, which one would you save?" which are pretty bad.

I don't think you can prepare for those and I think you just do the best you can. It's kind of a personality preference question because for instance, a cheeseburger, some people say, "I want to be the meat because I think that's the center of the whole." Some people say, "The cheese because I think it gives it the flavor." I don't think there's a right or wrong answer. I think it tells you a little bit about yourself.

Also remember that no one question is going to make or break your interview. There's usually a pattern that develops. While you're talking, I'm getting a picture of you, and everything you say adds to the picture. So that's the important part that you be sure that my picture is complete. Make sure that you're focusing in on five or so things you want me to know when you walk out of that interview.

**Kevin:** Yep, have those points in mind. Make sure you do get them across.

**Carole:** Absolutely.

**Kevin:** What about behavioral interviews? You hear a lot about those kinds of interviews. Briefly, what is a behavioral interview and how should people prepare for that?

**Carole:** OK, the typical interview question is, "What would you do if . . .?" If I asked you that, you can spin me a tale, "Well, I'd do this and I'd do that." A behavioral questions is, "Tell me about a time…, or, can you give me an example?" When the question is formulated like that, they want a specific example. So you have to go back into your repertoire of experience and think about a time when you actually did something like this.

I can give you an example of a way not to answer it. "Well, I do that all the time." No, no, that's not specific enough. I need a specific answer. A specific answer would be, "Well, I worked with this customer at my last company and the problem was she was angry about our service." Now that's the problem. And then, I go into action. "The first thing I did was to ask some questions, and next I.... And then I …… and the results were. Problem, Action, Result. And there's a gazillion acronyms that go along with that technique – SQR's STARs,etc., but basically, it's:

"What it is about? What was it that you were doing and why?

"What you did about it." – the action.

"And what the conclusion was" - the result.

**Kevin:** So typical behavioral questions would be, "Tell me about a problem, or tell me a time you were angry." Are there typical kinds of those that come up in an interview?

**Carole:** It depends on the job. For instance, if I was hiring a customer service person, what do you think would be a question that I would ask them? You're going to handle customers all day. Some of them are going to be angry. So I would probably ask them, "Tell me about a time when you had to handle an angry customer." So the question comes from, again, that job posting, what will it take to do this job?

**Kevin:** So that's important, really, to have that job posting and reverse engineer it, as it were, work back from it to what they're looking for, and to help you anticipate what they're going to ask you about, wouldn't it?

**Carole:** Absolutely. I think the job posting is a piece of gold they give you. Read between the lines, read it over and over, look and see what they're looking for. If they're asking on that job posting for someone who is organized and they use the word, "organized," three times and you don't say that you're organized or give them an example, you just missed a wonderful opportunity.

**Kevin:** Well, that's important. I'll be passing that along to clients. Let me give you a controversial question here. I don't know if you'll have an answer. If you're an interviewer, what are some things that typical interviewers or people on the other side of the desk don't want us job seekers to know? What's some secret thing that's going on in your mind on the other side of the desk?

**Carole:** Well, the interviewer, believe it or not, wants to hire you. They want you to be the solution to their problem. They're tired of talking to people and finding out that they're not the right person. So number one, they're really on your side. They really want you to succeed.

Number two, they make decisions very quickly and sometimes, give you the courtesy of a half-hour interview, when actually, they've already made a decision, whether you're the right or wrong person from the very beginning. And that's unfortunate. That's not a very good interviewer. They should give you the benefit of the doubt until the end of the interview.

The third thing is that sometimes, the job is already filled, it's out of your control. And they go ahead with the interview for different reasons. One is affirmative action reasons, political reasons and all kinds of things. Some companies have to post the job internally first. And sometimes, it'll be promised to someone. But they still go through the process.

Let me give you my best example, and this is an important thing for you to remember. I was interviewing for an accounting manager. She wanted an assistant. And I found a woman who was very good. I sent her in to be interviewed by the accounting manager. After the interview the accounting manager came out and I said, "So what did you think?" And she said, "I thought she was good." She said, "But I'm not going to hire her." And I said, "Why?" And she said, "Because she looks exactly like my aunt - and I hate my aunt, and I can't come in every day and look at her face."

Now that woman probably went home and thought she wore the wrong color suit, probably thought she answered the questions wrong. Maybe she had bad breath, maybe she didn't shake hands right. She could have beat herself up all over the place. But the truth of the matter was it was completely out of her control. Sometimes, it is going to be out of your control, and this is maybe what the interviewer doesn't want you to know, that it's nothing about you at all, and let go of it, just let go. Go in, do the best you can, and then, let it go.

**Kevin:** Is it fair to assume that a lot of interviewers are going to be somewhat unprofessional like that, they're not good at this? Even going into a fair-sized company with an HR manager there, are a lot of these people just not good at interviewing effectively? The interviewers, I'm talking about.

**Carole:** Yes, I think that's true. I think there's a lot of, lot of, lot of bad interviewers out there. They really don't know what they're doing. They're almost using their gut to hire you, whether they like you or not. There are three basic questions here. One is, "Can you do the job?" Well, if you've got a good resume and it got to the top of the pile, you've got good credentials and they maybe asked you a few questions about the job, you probably can do the job.

Number two, "Do we like you? Are you going to fit in?" Now this is another thing you don't have a lot of control of. Maybe everyone in the department's really extroverted and they're looking for someone introverted or vice versa. You can't control that. But you can make an impression that you're the kind of person they would like to work with. Show them that we can get along really well. Try to show them you have a bonding. Sometimes, you're interviewed by your colleagues. Let them know that you're a team player, that you really are the kind of person they'd like to work with.

The third question is, "Can we afford you?" This is the salary question and you have to postpone that as long as possible.

**Kevin:** What about in-demand skills now or in any job market? Earlier, you mentioned communication skills, everybody's looking for those. What are some, maybe two or three skills that if you have them, you ought to be ready to emphasize during an interview?

**Carole:** Well, I think today and always, communication skills are really key. I think it's almost like 47 percent in some cases. You can be the most brilliant person in the world, but if you can't communicate it to someone else, it's not going to do much good. Communications are definitely important.

Flexibility is really an important one because in today's game, the rules of the game are "change", and you know that. One of the questions we didn't talk about was, "What are you going to be doing in five years?" My answer to that is if you can guarantee me I'll still be sitting at this same desk with the same company name on my business card, I'll be happy, because there's so much change going on.

**Kevin:**     Is that going to be a valid answer today or could that come across . . .?

**Carole:**     It's kind of a wisecrack answer, but it's my answer. I just happen to think that's a stupid question.

**Kevin:**     Right.

**Carole:**     For a better answer to that question, you can have a short-term goal and a long-term goal. I think that's the best way to approach that answer.

Let me see, some of the other skills, getting along with people, working with diversity because we know our world is changing. There's a lot of different cultures coming together, and that's important. I think, again, those personal traits of just being an all around good person, versus just being a very one-way thinking person and only knowing one aspect. I think the generalist is becoming important, that you not only know your specialty, but you know a few other things, too. And I think that's important, what can you bring to the position? What added-value can you bring? What else can you bring that would enhance the job --- speak another language --- work on certain technology? I think that's important.

**Kevin:**     Let's go back to that one question, that always irritated me whenever I was interviewing, "Where do you see yourself in five years?" I've heard some people say, "I want your job." They've given that answer, with mixed results. What's a good answer to the question, "Where do you see yourself in five years?

**Carole:** "Where do you see yourself in five years?" "I want your job," could be a very threatening answer. Some industries, sales industries, for instance, like that answer, "I'd like your job," because it says, "You move up, I'm ready to take your place." But that's a very tricky question and I probably wouldn't use it, especially if there's an age difference. I think that could be very egocentric, threatening, etc. So I'm going to recommend doing a short-term goal and a long-term goal. Don't get too specific about anything. Be kind of general.

But certainly, saying, "Right now, my short-term goal is to find the kind of company that I can get into, join a dynamic team, and really make a contribution in the kinds of things that I like to do, for instance, problem-solving, getting to the meat of a problem and then, really working with customers." Or, "My long-term goal is to move up within that organization and become a leader at some point, whether a manager, supervisor or whatever, but at some point, I want to use my people skills and really work with people at a different level, coach them and improve them."

**Kevin:** That's a good way to do it without hemming yourself in, painting yourself into a corner. That's a great way to approach it. A lot of clients of mine and people in the job market, the first encounter with an employer is a phone interview. Are there specific ways you should prepare for a phone interview as your first interview with a company?

**Carole:** Phone interviews are tricky. They're good and they're bad. The good news is you get to have cheat sheets in front of you. Don't get so wrapped up in your cheat sheets that you can't talk, but certainly, like the "Tell me about yourself," I definitely don't recommend reading it, I think you should sound spontaneous and conversational. I don't think you should sound like a robot. But you could have some pointers to make sure you are covered. You could have your resume in front of you, things like that.

The other thing they're judging you most on besides your answers is your voice and your enthusiasm. Is your energy level and your enthusiasm good – real? Some people are so low-key, hard to hear, they don't have any sense of energy. So you want to make sure you're energetic and sound like someone they'd really want to hear more from. You want to sound "passionate" about the job.

**Kevin:**    I advise people to stand up when they're talking on a phone interview.

**Carole:**   That's a good idea, very good idea.

**Kevin:**    Anything else about phone interviews that people should know?

**Carole:**   Again, let me tell you, there's two kinds of phone interviews. One is they're going to call you in the middle of dinner type call, 7:00, "Hi, I'm Carole, and you applied for our job three weeks ago." And you go like, "What?" Again, put it on your own terms. Say, "Can you hold on just a moment? You caught me at a bad time," or, "Can I call you right back?" However, you want to handle that. But go get your stuff, go get that job posting, go get the resume.

And by the way, and Kevin can tell you this, if you have multiple versions of your resume, make sure you keep track of who you send what to because this is another thing. When you talk to that person on the phone screening make sure you are talking about that resume in front of you - with that job posting.

When I did phone screening I'd say, "I'm calling about this particular job - do you remember that you applied for this job?" And they'll say, "Well, it's been a while now, could you read it to me?"

**Kevin:** That's a killer.

**Carole:** It's irritating. The second kind of phone interview is they'll do this quick little screen, ask you the basics, and then they'll say, "I'd like to set up a longer telephone interview with you." And that will be, "Can we set up an hour tomorrow at 1:00 or whatever time?" And then you will have a full interview. This is a cost-saving, time-saving thing companies do before they bring you in. This is happening more and more. So again, get your cheat sheets out, be prepared, be enthusiastic, answer those questions because this is going to be the difference between you getting a face-to-face or the interview ending here.

**Kevin:** Let's talk a bit more about what you're hearing from folks nowadays. What are some typical things when people go in the interview and say, "Darn it, I just screwed it up"? What are some common mistakes you're hearing people saying, "I wish I would have done this differently?" What are two or three things people are wishing they had done differently in an interview?

**Carole:** I think they feel they weren't able to compete with the competition, that they weren't feeling like they were expressing themselves strongly enough. They didn't feel like they did a good enough job of selling themselves, basically, and that goes back to preparation.

I will tell you something that I am hearing a lot from candidates, the one thing I hear more than anything else, and that is they think they did a good job. The interviewer at the end of the interview says, "We're going to make our decision by Friday. I will be calling you." And guess what? Friday comes and goes and no call.

**Kevin:**   So what should people do at that point?

**Carole:**   Well, I would recommend letting a few more days go by. You have to realize to you, it's the end of the world. You want to know what's going on? To them it's business as usual.

So after a few days beyond what they told you, call and ask, "Is the job still open and what is the status of the job? Am I still under consideration?" Don't be surprised if you get a voice mail message and don't be surprised if you don't get a phone call back. It's rude behavior. Candidates are so frustrated with this; they're going up the wall. Some of them are interviewing several times and never even hearing whether they got the job, and it's filled by somebody else. I find this behavior extremely rude. Expect it, don't take it personally, even though it's about you. But try to call back a couple of times, try to get that information. If you don't hear anything, give up and move on. There's a fine line between persistent and pest.

**Kevin:**   Do you suggest people also e-mail, fax and mail their follow-ups so that they hit them different ways?

**Carole:**   Let me tell you about e-mail. I think e-mail's perfectly fine and if they've been communicating that way all along, that's fine. I think e-mails are overused in some companies and they don't read them all. Number two, there's no hard copy. And number three, I got an e-mail from a guy who said, "Help me, I inadvertently e-mailed all my interviewers a virus when I sent my follow-up; what should I do?" So those are my three thoughts on e-mail.

The snail mail takes longer, but it can be more effective. I would really put some time and thinking into this letter. I think it's one more opportunity for you to put yourself in front of the interviewer and present your strengths.

**Kevin:** Yeah, because e-mail is so cheap, easy and fast, people kind of put all their eggs in that one basket and say, "Well, I e-mailed them."

**Carole:** I think it's fine, but I just think keep in mind that those things are against you.

**Kevin:** Anything else you're hearing, in terms of common mistakes, wish they would have done this or that differently from people?

**Carole:** I can't think of any right at this moment. Making sure they shake hands at the end of the interview. I think they're mostly complaining to me about the interview or just beating themselves up.

**Kevin:** I see, so kind of there's a lot of rude behavior out there.

**Carole:** Or if they just got nervous and they'll write and they'll say, "I froze up; what should I do?" Those kinds of things happen all the time. Here's the three C's, cool, calm and confident. Those are really important. Be cool, be calm, and for whatever you do, feel confident. You do have something to bring to these people. Don't forget, they are the ones with the problem, not you. You're going to come in and tell them that you are the solution to their problem.

**Kevin:** Do you think prior preparation or practice would really avoid a lot of the mistakes that people end up coming to you after the fact with?

**Carole:** Absolutely. When I practice with people and I hear the way they're presenting themselves, I say, "Oh my gosh!" Let me give you an example. I said to one guy, "Tell me about yourself." And he said, "Well, I'm your average kid that just graduated from Yale." And I said, "Oh, wait a minute, how many people from your high school went to Yale?" He said, "Me." I said, "OK, let's take out the word, 'average.' I said, "You're sitting there in a suit going for a job, so you're not a kid anymore, so let's start over again," that kind of thing.

**Kevin:** So it's important to go outside. It could be with you, The Interview Coach, or it could be with a trusted friend or former co-worker. But do you think getting some outside advice, some outside input on your interviewing skills is going to be critical?

**Carole:** No doubt about it. Gets your confidence back up. If you are prepared, you will feel more confident. If you feel more confident, you will do a better job interviewing. If you do a better job interviewing, you will beat out the competition and end up with a job offer.

**Kevin:** Well, that's good stuff. I think one final question, if I forget everything else I've heard in this past 50 or so minutes, what is the one piece of parting advice that you would give me that's really going to help me set myself apart from other people competing for the job because the job market's very tight right now? What's the one best thing I should remember that's going to help me ace that next job interview?

**Carole:** I think it's thinking of yourself as the product, going in and selling yourself as the product, knowing what your product has to offer, making sure that you have what the buyer is looking for and tell them that you are the solution to the problem. I think that will make a difference. And if you can bring something extra, boy, let them know that, too.

Kevin, I'd like to end with one of my favorite quotes, and it comes from an unlikely source, Bruce Springsteen, "The Boss." He says when he goes on stage, the most important thing is to give a great performance. And he's going to give the performance of his life, do the best job he possibly can. And then, he stops and says to himself, "Hey, this is just rock and roll." So what I think you should do is go out there, do the best job you can, let them know everything you've got, do everything right and then say to yourself, "Hey, it's just an interview."

**Kevin:**      That's good stuff, Carole, putting things in perspective. I've been talking with Carole Martin, The Interview Coach from Monster.com. You can reach Carole at her website. Carole, do you have some other information, how people can get a hold of you, perhaps?

**Carole:**      I do, I do. We do a 10-minute free assessment with people from my coaches. We like to hear about your situation and then, what we can do for them – give them feedback and focus --- and confidence - to help them get that job offer they deserve. And if you go to my website – www.interviewcoach.com - we will set up an appointment with you and we can talk.

**Kevin:**      Very good. Carole Martin, a pleasure speaking with you today. A lot of great tips for folks out there in the job market. It's been a pleasure speaking with you. Thanks so much.

**Carole:**      Thank you. I wish you all the best!

# CONCLUSION

# PRACTICE, PRACTICE, PRACTICE

## Keep Up the Good Work!

As after any workout you may feel overwhelmed (sore muscles). Don't despair. It will get easier after the groundwork is done. It is very important that you continue to work out. Practice, practice, practice, and become stronger, smoother, and more comfortable.

The goal is not to become over-rehearsed and stiff, but to be pre-pared and natural. Can you imagine an actor going into a perfor-mance without a rehearsal? This is your time to prepare and rehearse.

It is important that you continue to work on your communication skills. If you feel you need one-on-one help, consider working with a professional, or work with a friend or relative who will give you positive and constructive feedback. It is also important that you practice the right way. If you keep practicing, but are repeating mistakes, you will not improve. Think about a tennis or golf swing - it takes a pro to show you the right way.

Maybe you won't get a job offer every time, but preparation will greatly improve your chances and your confidence. Treat each interview as a new learning experience. You may even begin to enjoy the process - some people do!

I invite you to get my Complete Interview Coach
Program at http://www.interviewcoach.com

## And get a free

## 1-on-1 phone coaching session
## with a certified Interview Coach

If you want to cut your job hunt time down
drastically, and make sure you are thoroughly
prepared to ace every question thrown at you, my
Complete program - with a live phone coaching
session - will give you the extra edge you need to beat
even the most well qualified, well spoken candidates
and score the position you've been dreaming of!

## http://www.interviewcoach.com

_— Should I get some type of
coaching certificate?_

**A Success Story**

*"For the first six months of my job search, I received only slight interest from perspective new employers. Then all of a sudden, in April, I received three requests for interviews all occurring in one week. Oddly enough, when I received my wish for an interview I panicked. I found you through the Internet and immediately called. You never pressured me into spending any money or buying your book like some high-pressure sales person. You gave me valuable feedback through mock interviews and suggestions on how to evaluate my strengths and weaknesses."*

*"After going on the three interviews, I received two offers. By completing the exercises in your book, I was able to make the best career decision for my needs. There was an initial offer of $58,000, but your coaching taught me how to successfully negotiate an additional $7,000, and a performance review after months 6 and 12, which will further increase my salary. There is no way the dollars invested in your program can thank you enough for all the assistance you gave me. Most important to me is that you were extremely patient and professional. Knowing you better now, I realize just how busy your schedule is, but you never rushed me through this process. I would strongly encourage anyone interested in presenting themselves at their best to a potential employer and negotiating the best compensation package, to invest in your program. You have made a friend for life."*

Robert Green, "New" General Manager

**FORMULA FOR A
STELLAR INTERVIEW**

## 1. Prepare

- your personal statement
- your stories (5 or 6 or more)
- your questions to ask

## 2. Research

- your salary needs
- your worth in your market
- your bottom line

## 3. Practice

- with a friend
- with a professional

# ABOUT THE AUTHOR

## Carole Martin, M.A.

Carole Martin is a professional interviewer, coach, and an expert on the subject of interviewing. In addition to managing her business, www.interviewcoach.com, she has been an interview expert and writer for Monster.com for the past three years.

Her unique background includes over 15 years of Human Resources Management experience and a Master's degree in Career Management. She has worked in technical and non-technical industries, in Fortune 500, as well as start-up companies.

Martin coaches job seekers on the phone and in person, as well as conducting workshops for people recently laid off from their jobs. She also coaches the MBA students at the Haas School of Business at U.C. Berkeley.

Her education includes a Master's degree in Career Development from John F. Kennedy University in Pleasant Hill, California, where she is an adjunct faculty member teaching interviewing skills to counselors. Her undergraduate degree is in Communications and Public Relations from San Jose State University (achieved at age 40). She has been certified as a Senior Professional in Human Resources (SPHR) by The Human Resources Certification Institute, and has received training at the Coaches Training Institute. She is a certified Behavioral Interviewer.

Martin has been recognized as an interview expert on CNN-FN TV and many radio shows, both in the US and Canada, as well as the BBC. She is frequently quoted in newspapers and magazines - New York Times, LA Times; Men's Health, HR Magazine, Smart Money, Self Magazine, Parents magazine, Employment Management Today, Details, and Employment Review.

She is the author of internationally acclaimed, *"Interview Fitness Training,"* *"Boost Your Interview IQ,"* *"Perfect Phrases for the Perfect Interview,"* *"Boost Your Hiring IQ,"* *"The Complete Book of Perfect Phrases for Successful Job Seekers"* and coming later this year *"Perfect Phrases for Writing a Job Description*

Her life's motto, "It's never too late to make a change," are words she believes in and lives.

# OTHER SOURCES

## BOOKS

Boost Your Interview IQ, Carole Martin
A virtual interview - 50 questions with 150 possible answers to test your interviewing ability. Exercises to create your stories - invaluable for the "Behavioral-based" interview.

Perfect Phrases for the Perfect Interview, Carole Martin
Hundreds of Ready-to-Use Phrases that succinctly demonstrate your skills, your experiences, and your value in any interview situation.

Feel the Fear and Do It Anyway, Susan Jeffers, PhD. For anyone who is feeling powerless and dealing with anxiety.

How to Win Friends and Influence People, Dale Carnegie My personal favorite. A book that transcends the decades with current principles of how to interact with other people.

How to Work a Room, Susan RoAne
The ultimate guide to savvy socializing in person and online - a must in networking.

201 Best Questions to Ask on Your Interview, John Kador
A must for anyone seeking questions to ask in the interview.

The Career Change Resume, Kim Isaacs
A great source of information on making that career or industry change.

Never Be Late Again, Diana Delonzor
Seven cures for the punctuality challenged.

Find the Bathroom First, Roy Blitzer
Start a new job on the right foot.

# SALARY RESEARCH WEBSITES

**www.salary.com**
Of the salary-type sites I've seen, this is the most straight forward. You can select the job title by geographic region, even down to the zip code if you want, and immediately get a salary range in graph form. There are also good job descriptions.

**http://fairway.ecn.purdue.edu/ESCAPE/stats/salaries.html**
For engineers.

**www.psrinc.com/salary.htm**
For MIS Professionals.

**http://www.wageweb.com**

**http://www.jobsmart.org**
For salary info across multiple fields and geographic locations.

**http://www.salaryexpert.com**

## INTERNET DISCUSSION GROUPS

**http://groups.yahoo.com/**
You can keyword search this database of e-mail based discussion groups, or browse the categories.

**http://www.linkedin.com/**
Most people use Linkedin to "get to someone" in order to make a sale, form a partnership, or get a job. It works well for this because it is an online network of more than 8.5 million experienced professionals from around the world representing 130 industries.

**http://groups.google.com**
Participate in discussion forums and newsgroups. Use Advanced Search to locate topic related forums.

— Great area to go to ask
5 Biggest Things they form
About Job Interview

— Look for Russells Funnel
for Coaches. Ask on the
Website to one of the
chat people

# RESOURCE SITES

**Securities Exchange**
http://www.sec.gov

**The Online Information Authority**
http://www.hoovers.com

**Company News Releases**
www.businesswire.com

# SOCIAL NETWORKING SITES

http://www.tribe.net

http://www.friendster.com

http://www.orkut.com

http://www.facebook.com

http://www.twitter.com

http://www.classmates.com

http://www.stumbleupon.com

---

**A Quote From "The Boss"**

When I walk on stage, I've got to feel like it's the most important thing in the world. Also I've got to feel like, well, it's only rock and roll.

Bruce Springsteen

---

*When you walk into that interview, feel like it's the most important thing in the world.*

*But then think to yourself, it's only an interview!*

Mr. Jones, can I ask you
How long you've been with
the company?

Since you are a manager
what are the 3 traits that
allowed you to rise to
a management position?

CPSIA information can be obtained
at www.ICGtesting.com
Printed in the USA
LVOW04s1010080916

503749LV00013B/76/P